FRANC-NOHAIN

FLUTES

PARIS
1, RUE LAFFITTE
ÉDITIONS DE
LA REVUE BLANCHE

ÉDITIONS DE LA REVUE BLANCHE
1, Rue Laffitte

Collection grand in-18 jésus à 3 fr. 50

Paul Adam	*Lettres de Malaisie*, roman.
P. Nansen	*Marie*, roman traduit du danois par Gaudard de Vinci, illustrations de Pierre Bonnard.
Stendhal	*Napoléon*, fragments inédits, notes et introduction par Jean de Mitty.
Eugène Morel	*Terre promise*, roman.
Une Circassienne	*Dans l'ombre du harem*, roman.
Albert Delacour	*Les lettres de noblesse de l'anarchie*.
Jean Ajalbert	*Sous le Sabre*.
Maurice Maindron	*Saint-Cendre*, roman.
François de Nion	*Les Façades*, roman d'aventures mondaines.
Robert Scheffer	*Grêve d'amour*, roman.
Gustave Kahn	*Le Cirque solaire*, roman.

Imp. O. RENAUDIE, 56, rue de Seine, Paris.

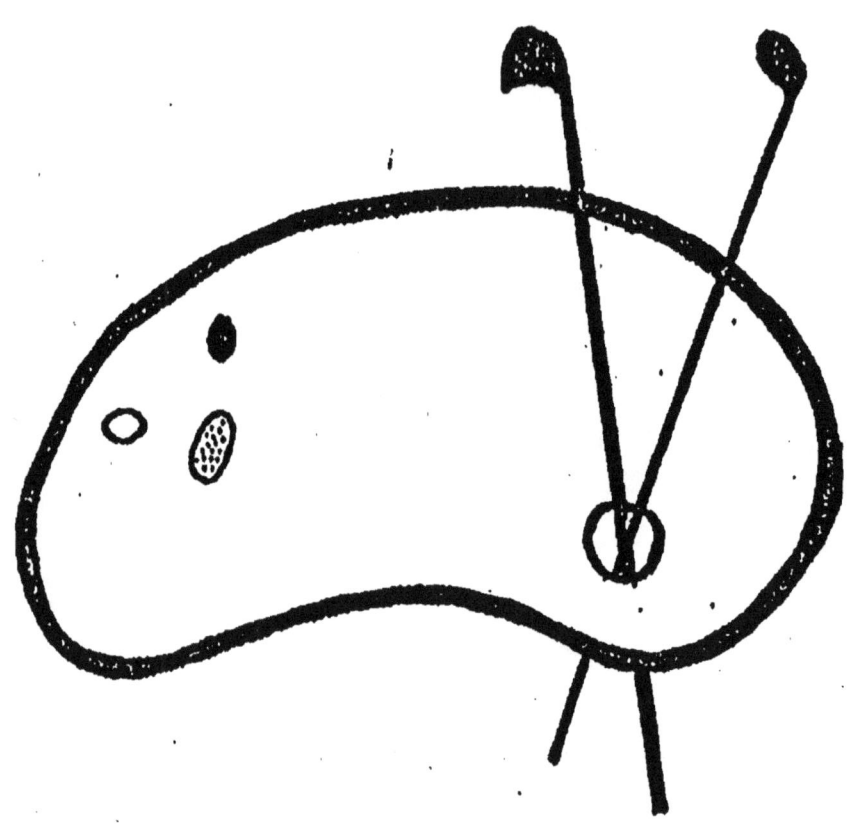

DEBUT D'UNE SERIE DE DOCUMENTS
EN COULEUR

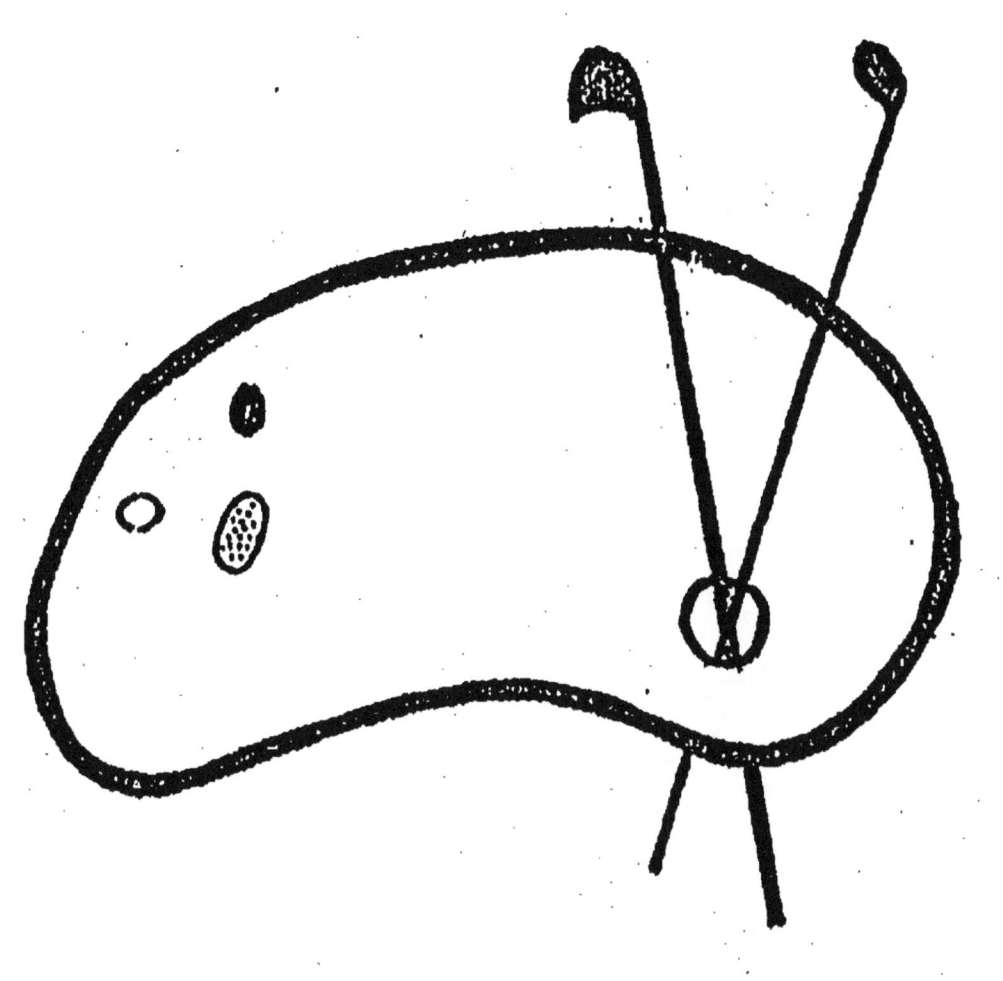

FIN D'UNE SERIE DE DOCUMENTS
EN COULEUR

FLUTES

Il a été tiré à part
quinze exemplaires sur papier de Hollande, numérotés à la presse.

JUSTIFICATION DU TIRAGE :

FRANC-NOHAIN

FLUTES

poèmes amorphes

fables, anecdotes, curiosités

DEUXIÈME ÉDITION

PARIS
ÉDITIONS DE LA REVUE BLANCHE
1, RUE LAFFITTE, 1
1898

Tous droits de traduction et reproduction réservés pour tous les pays y compris la Suède et la Norvège.

A MONSIEUR LE CHEF
DE LA MUSIQUE DE LA GARDE RÉPUBLICAINE

A L'ARTISTE ET AU SOLDAT

Sans vaines formules

F. N.

Pour faciliter l'intelligence de ces poèmes, et éclairer la religion du lecteur, nous croyons devoir publier d'abord ces lignes d'une rare précision et d'une irréprochable tenue d'art, que, dans leur intéressant ouvrage, consacrent au mot AMORPHE *et à ses dérivés, M. Pierre Larousse et ses amis.)*

AMORPHE, adj. (a-mor-fe du grec α priv.; *morphé*, forme). Se dit, dans les sciences, de toute substance qui n'a pas de forme régulière et déterminée : *La pezize* AMORPHE *est ainsi appelée parce qu'avec l'âge ce champignon prend la forme de cupules irrégulières qui se confondent souvent avec leurs voisines. L'eau, en se solidifiant, peut être* AMORPHE *ou cristallisée régulièrement,* (Pelouze.)

Les allumettes fabriquées au phosphore AMORPHE *sont les seules qui doivent être admises sous notre toit.* (XXX).

— Anat. *Substances ou matières amorphes*, Matières organisées qui entrent comme éléments accessoires dans la constitution de divers tissus normaux et morbides, à côté des cellules, fibres, tubes, mais qui n'ont aucune forme particulière autre que celle des interstices qu'elles remplissent. Le microscope nous montre une espèce de matière *amorphe* fort abondante dans la substance grise de l'encéphale, une autre espèce dans le tissu médulaire des os. Selon M. Robin, les matières *amorphes* jouent un grand rôle dans la constitution des produits morbides au point de vue de la masse, de la consistance, de la couleur, etc.

— *Chim. Etat amorphe*. Etat d'une substance dans lequel elle ne présente pas la forme cristalline : ÉTAT AMORPHE du *phosphore*.

— Minér. *Minéraux amorphes*, minéraux qui n'ont pas la forme cristalline, ou dont la cristallisation est confuse, les *minéraux amorphes* se présentent sous trois aspects différents : ou ils sont compacts ; ou ils ont la cassure et la texture terreuses; ou ils sont en rognures, en nodules, en grains plus ou moins arrondis.

— *Térat. Fœtus amorphe* c. f. ANIDIEN.

— S. m. p. *Entom.* Dénomination sous laquelle quelques auteurs ont réuni les larves d'une grande partie des insectes hexapodes et tétraptères; on a aussi donné ce nom à un groupe de papillons crépusculaires qui correspond au genre smérinthe.

AMORPHE s. f. (a-mor-fe du grec α priv.; *morphé*, forme). *Bot.* Arbuste de l'Amérique septentrionale, de la famille des légumineuses, connu des jardiniers sous le nom d'*indigo bâtard*.

AMORPHIE s. f. (a-mor-fi rad. *amorphe*). *Hist. nat.* absence de forme déterminée; difformité, désordre dans la conformation.

AMORPHOCÉPHALE s. m. (a-mor-fo-sé-fa-le du gr. *amorphos*, difforme; *Képhalé*, tête) *Entom.* Genre de coléoptères tétramères, de la famille des curculionites, formé aux dépens du genre brente, et ayant pour type une espèce qui se trouve à la fois en Illyrie, en Italie, et en Nubie.

AMORPHOCÈRE s. m. (a-mor-fo-sè-re du gr. *amorphos*, informe : *Keras*, corne). *Entom.* Genre de coléoptères tétramères de la famille des cucurlionites, ayant pour type l'*amorphocère soyeux* de Cafrerie.

AMORPHOPE s. m. (a-mor-fo-pe du gr. *amorphos*, difforme ; *pous*, pied). *Entom.* Genre d'insectes orthoptères, de la famille des acridiens, dont la seule espèce connue a été trouvée à Cayenne.

AMORPHOPHALLE s. f. (a-mor-fo-fa-le du gr. *amorphos*, difforme ; *phallos*, l'organe mâle de la reproduction). *Bot.* Genre de plantes vivaces, de la famille des aroïdées, à racine tubéreuse.

AMORPHOPHYTE s. m. (a-mor-fo-fi-te du gr. *amorphos*, irrégulier ; *phuton*, plante). *Bot.* Nom donné aux plantes à fleurs irrégulières ou anomales.

AMORPHOSE s. f. (a-mor-fo-se). *Hist. nat.* Syn. d'*anamorphose*.

AMORPHOSOME s. m. (a-mor-fo-zo-me du gr. *amorphos*, informe ; *sôma*, corps). *Entom.* Genre de l'ordre des coléoptères pentamères, originaire du cap de Bonne-Espérance.

AMORPHOZOAIRES s. m. pl. (a-mor-fo-zo-è-re du gr. *amorphos*, informe ; *zôon*, animal). *Zool.* Division établie par Blainville, qui répond, avec les actinozoaires, aux rayonnés de Cuvier: *la division des* AMORPHOZOAIRES *renferme les éponges et les genres voisins*

TOUT LE MONDE POÈTE

PAR LES NOUVEAUX PROCÉDÉS AMORPHES DE

FRANC-NOHAIN

— Le voyageur qui parcourt les départements de notre chère France, suivant les exigences de son commerce, de ses relations, de sa fantaisie, ou de sa santé, celui qui, en un mot, voyage pour son agrément ou pour ses affaires, a sous les yeux, si peu qu'il y prenne garde, un champ merveilleusement fécond d'observations, non seulement sur la flore et la faune, mais aussi sur le caractère des habitants de ce pays. —

Ainsi s'exprimait, dans le compartiment de

deuxième classe où m'avaient appelé les formalités d'un héritage languedocien, un homme d'apparence énergique, et l'œil jeune encore sous ses cheveux gris.

La conversation ne tarda pas à devenir générale, et chacun cherchait à faire preuve d'esprit, d'érudition, ou de sagacité.

C'est alors qu'un monsieur qui n'avait pas encore parlé, intervint en ces termes :

— « Vous appartenez, pour la plupart, à la classe aisée de la société, soit que vous exerciez une profession libérale, soit que vous cherchiez à faire fructifier votre patrimoine par une industrie appropriée, ou toute autre entreprise rémunératrice.

« Lorsque le soir, après d'accablantes démarches ou les fatigues d'un labeur sédentaire, vous retrouvez la monotonie conjugale ou le triste foyer du veuf, vous souhaitez quelque délassement au train-train quotidien des ambitions vulgaires et des appétits journaliers ; vous avez soif d'imprévu, d'Au-delà, de Poésie : mais, la Poésie, des gens ne s'en sont-ils pas arrogé le privilège, qui, jalousement, lui fixèrent des règles ardues et d'inaccessibles sujets ?

« Et, victimes de cet arbitraire, nous nous enlisons dans les proses, — comme si toutes les tristesses et toutes les joies qui nous viennent aux lèvres n'étaient pas une chanson...

« Oui, une harmonie est à tout le monde, une poésie à toute chose, et qui leur sont particulières ; et nul n'avait le droit d'éliminer celle-ci, ni d'élire telle autre.

« Y a-t-il un solfège pour les rossignols ?

« Et, parce que le rossignol atteint à de plus savantes roulades, cela empêche-t-il donc de chanter, et d'y prendre plaisir, la fauvette et le moineau franc ?

« Ecoutez l'enfant, qui saute à la corde :

J'ai un sou,
J'ai un sou,
Maman m'a donné un sou,

C'est pour ne pas dire à papa que M. Paul est venu,
Pas le dire, pas le dire,
Monsieur Paul,
Pas le dire à papa Antoine...

« Poésie...

« Ecoutez l'adulte, qui fait mousser le savon pour sa barbe :

Poum, poum,
Poum, poum,
Voilà du beau temps,
Nous allons nous faire la barbe,
La barbe,
Poum, poum,
On prendra son café au lait,
Et on ira se promener...
Poum, poum,

« Poésie...

« Je pourrais multiplier à l'infini de telles citations. Mais qu'est-ce à prouver sinon que la Poésie fleurit les lèvres des hommes, ignorante des rythmes et des rimes, — que l'inspiration se pose aux galets de la route comme à la neige des sommets, — libre d'ailleurs, mais à l'aventure, d'exalter quelque jour un coucher de soleil, en des vers qui seraient alexandrins... »

— Apollon reconnaîtra les siens ! — dit quelqu'un, avec intention.

Et comme nous nous apprêtions à remercier, par quelque menue monnaie, notre obligeant compagnon de route :

— J'OFFRE GRATUITEMENT mes consultations, refusa-t-il : c'est la conséquence d'un vœu. —

Puis, avant d'arriver à destination, il voulut nous remettre encore cette attestation autographiée d'un homme que vous et moi, — et lui-même, d'ailleurs, — fidèles à une tradition un peu vieillie mais toujours aimable, eussions été surpris de ne pas voir figurer à la fin de cette aventure :

XVIII

« *Monsieur,*

» *Depuis cinquante ans, j'écrivais en prose, et, je ne crains pas de le dire, en mauvaise prose : grâce au merveilleux procédé amorphe de M. Franc-Nohain, je viens de me mettre aux vers, sans que personne, d'ailleurs, s'en soit aperçu : — vous m'en voyez tout regaillardi.*

» *Je vous autorise à faire de cette lettre tel usage qui vous pourra convenir, et vous prie de croire, etc.*

» Francisque Sarcey »

FLUTES : Sentimentales ou guerrières, flûtes des bergers ou des musiciens gagistes, — aux récits et aux serments d'amour, vous mêlez, sous le tegme des fages, l'harmonieuse arabesque de vos commentaires, — et, sous le kiosque des jardins publics, aux allegros et aux polkas à triple coup de langue...

FLUTES : et nous égrènerons l'aigrelette ironie des petites flûtes...

FLUTES : comme les jambes des ballerines, comme des jambes maigres et nerveuses, que mes vers bondissent et pirouettent, qu'ils se raidissent puis se détendent, et soudain, d'une pointe impertinente, enlèvent le chapeau des Messieurs graves...

FLUTES : flûtes de Pan, comme des plumes...

FLUTES : nourritures sagement terrestres, réparatrices des nuits passionnées ou passées dehors, flûtes nous avons trempé votre croûte dorée dans les chocolats du matin...

FLUTES : et c'est un peu de vent qui souffle dans des trous...

FLUTES : remplies jusques aux bords de ta mousse légère, légère comme notre caractère national, ô boisson française, ô Champagne! — aussi nombreuses que des grains de sable, nous sablerons les flûtes, — à la santé des jeunes époux ou des marins russes, ou de Rodin, ou bien de Félix Faure...

FLUTES : parce que ça m'a fait plaisir...

ET PUIS FLUTE !

Grand Bezout, achève ton cours,
Mais avant, permets-moi de te dire
Qu'aux aspirants tu donnes secours ;
Mais je ne cesserai pas de rire
Lorsque je t'aurai achevé,
Pour le plus tard au mois de mai :
Je ferai alors le conseiller.

(NAPOLÉON I*er* : *Vers écrits sur une* GÉOMÉTRIE *de Bezout*).

LA CHANSON DU PORC-ÉPIC

C'était un petit porc-épic,
Que je trouvai, un soir, sur mon paillasson, rue Lepic.

Il avait une sonnette pendue à son cou,
Et il ne paraissait pas sauvage du tout;

Cependant, comme il venait sans m'avoir écrit,
Je ne laissais pas, vous comprenez, d'être un peu surpris :

Je lui insinuai, avec infiniment de douceur,
Que peut-être bien il faisait erreur;

Comme il ne répondait toujours pas,
Je lui demandai, enfin, ce qu'il faisait là ?

C'est alors que je m'aperçus qu'il était crevé,
Et je n'ai pas jugé utile, vous comprenez, d'insister.

LES PÉDICURES

On rencontre souvent, dans l'air frais du matin,
Des messieurs portant des serviettes de maroquin ;
Leur mise est sévère et correcte,
Des chapeaux noirs sont sur leurs têtes,
Ils ont une canne, des gants,
Et un regard intelligent :

Ce sont les pédicures habiles
Qui se rendent à domicile,

Vers quels pieds, vers quels pieds vont-ils ?

Pieds de Parisiennes exquises,
De Japonaises, de marquises,
En des mules de cygne blanc,
Veinés de bleu, nacrés et roses,
Petits pieds, adorables choses,
Orteils troublants !...

Pieds de clubmen pleins d'élégance,
Pieds de Sagans et de Bragances,
Assouplis en des cuirs anglais,
Pieds vernis pour les pas de quatre,
Pieds réservés de diplomates,
Pieds nickelés !...

Et pieds aussi de dames d'un certain âge,
Pieds de vieux généraux qui furent en Afriqu',
Pieds de financiers juifs, — que Drumont ne ménage, —
Pieds d'ecclésiastiques !...

Voici venir les pédicures,
Qui de vos maux, ô Pieds, ont cure :

LES PÉDICURES

Œils-de-perdrix,
Pas de merci ;
Oignons, oignons.
Et durillons,
Sautez, sautez,
Callosités !
Cornes et cors,
Voici la mort !

Avec des gestes délicats et distingués,
Ainsi les pédicures font leur petite besogne,
Qu'ils entremêlent de propos graves ou gais,
Et taillent, et découpent, et rognent,
En vous entretenant de Cléo de Mérode,
Ou de l'article d'Émile Faguet.

Mais ne parlez pas politique,
Ne leur vantez la République,
Ou vous verrez trembler leur main :
« Le Régime républicain,
Monsieur, où tant de ministres, et leurs épouses,
Laissent aller leurs pieds à la va-comme-je-te-pousse,

Où tant de pieds de députés
Ne sont que ruine et deuil, et calamité !

Et les pédicures soupirent :
« — **Le pied** s'en va depuis l'Empire ! »

LA CHANSON DES TRENTE-SIX CHANDELLES

Bougie du un, bougie du quatre,
Bougie du dix,
Et du vingt-quatre,
Et du trente-six :

Dans le bureau où dort le gérant de l'Hôtel
Des Voyageurs,
Près de trente-six clés sont trente-six chandelles,
Qui attendent les voyageurs.

(Les bougies chantent :)

Avec une allumette ou une queue de rat,
Mes sœurs, qui nous allumera ?

ONZIÈME CHANDELLE

Dans la lanterne des berlines,
— Hop ! hop !
Les chevaux galopent ! —
Dans la lanterne des berlines...
Le vent souffle sur la colline.

TROISIÈME CHANDELLE

J'eusse aimé tant, — toutes les femmes me comprennent, —
Chimères vaines, —
J'eusse aimé tant les girandoles, leur cristal,
Briller parmi les fleurs et la musique, dans les bals,
Être une bougie très mondaine...

HUITIÈME CHANDELLE

Au piano, — maman qui s'endort...
Viens, tendre amant, plus près encore, —
Au piano éclairer du Schumann !...

VINGT-SIXIÈME CHANDELLE

Quand on acclame Félix Faure,
Être le lampion tricolore
Au bout des cannes !...

Avec une allumette ou une queue de rat,
Mes sœurs, qui nous allumera?

TRENTE-DEUXIÈME CHANDELLE

Me faudra-t-il prêter mon ministère
A des amoureux clandestins,
Clandestins, et peut-être adultères !
Et dans la chambre, le matin,
Verrai-je entrer le commissaire?

SEIZIÈME CHANDELLE

Seront-ce les nouveaux époux, l'épousée rose,
Qui s'abandonne au bras de l'époux, en tremblant, —
— Je t'aime... laisse-moi... je n'ose... —
Discrète, je ferai semblant
De penser à autre chose ..

QUATRIÈME CHANDELLE

Jusqu'aux premiers feux du matin,
Le voyageur lira-t-il le Bottin,
Les renseignements fournis par les organes de la presse,
Ou les *Déracinés*, de Maurice Barrès?

VINGT-DEUXIÈME CHANDELLE

A la suite de quel festin,
Souffrira-il des intestins... :
— Parfois ce qu'on mange
Dérange; —
— Quelque chose m'oppresse,
Il faut que je me presse; —
Et devrai-je courir le long des corridors
Jusqu'aux premiers feux de l'aurore?

PREMIÈRE CHANDELLE

Oh! si le Monsieur qui viendra,
Et m'emportera tout à l'heure,
Etait, — je ne le connais pas, —
Etait un prestidigitateur;

Et si, pardonnez-moi ma folle inquiétude, —
S'il arrivait, horreur ! mes sœurs,
Que, sans y faire attention, il m'avalât,
Machinalement, — l'habitude...

Avec une allumette ou une queue de rat,
Mes sœurs, qui nous allumera ?

(Elles sortent.)

LE CHAPEAU, LE QUADRUPÈDE ET LA PERRUQUE

Une dame rendait des visites,
Ayant sur sa tête un nouveau
Chapeau,
Que venait de lui envoyer sa modiste ;

Ce chapeau était fait de rien :
Un oiseau des îles et quatre grappes de raisin
En composaient tout l'édifice ;
Mais il allait si bien, si bien,
Que les plus rustauds voyaient bien
Qu'il sortait d'un bon magasin.

La dame était très contente, tu penses,
De se sentir coiffée avec cette élégance ;

Aussi, bien que l'on fût dans le temps des frimas,
— Aux femmes, il ne messied pas
D'avoir quelque coquetterie, —
Souvent elle ralentissait le pas,
Pour se mirer
Et s'admirer
Dans la vitrine des pâtisseries,
Et aussi des bijouteries,

Et aussi des teintureries.

Cependant le petit oiseau
S'embêtait, tout seul, à faire le chapeau ;
Puis ça le fatiguait d'avoir les plumes écartées ;
— Auprès d'un galant cavalier
La dame s'étant arrêtée,
Il eut, pour se désennuyer,
L'idée
De manger un grain de raisin,
Puis deux, puis trois, puis quatre grains...
— Il en mangea toutes les grappes —

(La dame, tout entière à sa conversation,
  N'y faisait pas attention.)
 Mis en gaîté par ces folles agapes,
  Notre oiseau chanta un petit
   Cui, cui, cui, —
Et prrt... il s'envola, — faut-il que je le dise? —
  Il s'envola non sans avoir
   Laissé choir
  Le petit caca que produisent
  Les meilleures friandises.

La dame n'avait plus sur le crâne et la nuque
  Que ses cheveux ; or, le hasard voulut
Que le cheval du galant cavalier reconnût
  Dans ces cheveux (c'était une perruque)
Les crins, hélas! de la chère jument poulinière
Qui lui avait donné le jour : les crins de sa mère !

  Avec des larmes plein les yeux,
Le cheval, filial, arracha les cheveux,
   Et notre dame infortunée,
  Offrant au vent son crâne ras, —

— J'ai bien dit qu'on était dans le temps des frimas ? —
S'enrhuma,
Et, tout l'hiver, en fut enchifrenée...

Par ces premiers froids de décembre,
Il est bien plus prudent de rester dans sa chambre.

SOLITUDE

A boutons, ou à élastiques,
Ou à lacets, ô bottine mélancolique
Des personnes qui ont leur autre jambe en bois,
O bottine mélancolique,
Sur ton isolement je pleure quelquefois.

Ce n'était pas ta destinée
D'écouler ainsi tes années
Dans le veuvage ou dans le célibat;
Mais, loin de la compagne, hélas!
Que Crépin t'avait destinée,
Et dont le sort te sépara,
Tu vas solitaire ici-bas.

Rencontrer, de par la ville,
Bottines et souliers agiles,
Qui se promènent côte à côte, — destin prospère,
En paire!...

Et puis la nuit, dans les corridors des hôtels,
Les longues insomnies cruelles,
Seule, à la porte de la chambre
Du monsieur qui n'a qu'une jambe,
Tandis que deux par deux devant les autres portes,
D'autres bottines potinent,
Et badinent et chuchottent!..

Trop heureuse encor, si parfois
Il ne t'arrive de reconnaître
Dans le moignon de bois qui t'escorte, le bois
Du charme, ou du tremble, ou du hêtre,
Auprès duquel jadis, peau non encor tannée,
Sur le dos
D'un chevreau ou d'un jeune veau,
Tu passas tes jeunes années : —

« Chant de nos montagnes,
« Qui fait tressaillir!...
« Ah! de nos campagnes
« Le doux souvenir!... »

Mais le bois n'a pas de ces émotions douces :
Il se souvient que tu mangeais ses jeunes pousses,
Et, du suc de ses rejetons,
Ta peau lui semble encore grasse ;
Pas de répit et pas de grâce :
Crains pour tes élastiques et crains pour tes boutons !..

A boutons ou à élastiques;
Ou à lacets, ô bottine mélancolique
Des personnes qui ont leur autre jambe en bois,
O bottine mélancolique,
Sur ton isolement j'ai pleuré quelquefois.

VOIX DANS LA NUIT

Minuit sonnait, heure que l'on estime
Devoir être celle du crime :
Des voix,
Des pas — cela s'approche, et puis
S'éloigne, et puis s'évanouit :

— « Sur la princesse,
« Veillons sans cesse,
« Veillons sans bruit,
« Le jour comme la nuit. —

« Cesse...
« Bruit...

« s...
« i... »

Et les lanternes, et les piques qui s'entrechoquent...
— Mais, pardon, je me trompe d'époque. —

  Tous les alentours sont déserts
  De la villa aux volets verts.
  Un coup de sifflet : Pi-ouït !... —
  Pas de ronde de nuit qui passe,
  Car nous sommes en l'an de grâce
  Mil huit cent quatre-vingt-dix-huit...
    Pi-ouït ! —

Au douzième coup de la douzième heure,
 Voici paraître les trois cambrioleurs ; —

— L'un d'eux, amant de quelque fille de service,
  Apprit l'occasion propice :
La mère qui se meurt ; le père n'est pas là ;
Jean, le vieux serviteur, souffrant, dut laisser seule
   L'aïeule,
Près du berceau de la petite Anna... —

  Victime de sa gourmandise,
Rien à craindre, non plus, de la chienne Marquise !

— La boulette contenait un subtil poison. —
Mais un mur a soudain dressé sa barricade,
    Opposant à toute escalade,
  Monstrueux et formidable hérisson,
Sa crête, qu'incrustés hérissent des tessons...

— De cet obstacle, au moins, que nul ne se soucie,
Dit le premier gredin, car j'en aurai raison :
    Me serez-vous cruels, tessons,
      Tessons des bouteilles mes mies ?..
  Souvenez-vous, en votre compagnie,
Avec de belles filles et de joyeux garçons,
  Comme gaîment nous vous vidions,
Lorsque je gaspillais l'ancestrale fortune... —

Mais les bouteilles restent sévères sous la lune...

    Et voici que le second vaurien,
    A son tour, implore, et s'écrie :
— Quoi, mon profil ne vous dit rien ?
Rappelez-vous, j'étais le pharmacien :
Oui, le commerce n'allait pas, ma pharmacie

Etait tombée à rien du tout ;
De spécifiques, jadis, je vous ai remplies,
Rappelez-vous ?.. —

Mais les bouteilles se détournent avec dégoût...

Alors le troisième a dit : — Moi,
Je ne fus ni un pharmacien, ni un bourgeois ;
Mais, je le proclame sans honte,
Socialiste, rien de plus,
Je viens me venger des repus... —
Et les bouteilles, apaisées, ont répondu :
— O toi, toi seul, monte ici, monte,
Et nous ne te ferons nul mal, ô notre frère,

Car nous sommes des laissés pour compte
De la Verrerie ouvrière.

LA SINGULIÈRE DISTRACTION

DU CHEF DE GARE

De onze heures cinquante-sept à midi treize,
C'est, dans les buffets des gares, des gens
Mangeant,
— En auront-ils pour leur argent ? —
Des nourritures rapides et brèves,
De onze heures cinquante-sept à midi treize.

— Onze heures cinquante-neuf,
Je ne prendrai pas de bœuf ;

— Midi, qu'on remporte
Le veau aux carottes ;

— Midi deux, midi trois,
Haricots verts ou petits pois ? —

(Hélas, hélas, mettre les morceaux doubles
Même lorsqu'il y a de cet excellent gras-double !...)

Et l'on songe à des dîners, chez des curés,
A la campagne, —
Substantiels et lents, sagement digérés,
Et dont, en savourant un petit vin clairet,
Fièrement, on nargue l'Allemagne ;

Calmes repas, calmes repas
De saine cuisine bourgeoise,
Où la vieille bonne Françoise
Raconte une histoire entre chaque plat...

— Mais hâtons-nous, il en est temps encor,
Hâtons-nous, hâtons-nous au suprême roquefort ! —

— Le chef de gare agite sa sonnette : —

— Voyons, inutile de plier ta serviette ;
Paul, où as-tu mis ta casquette ?
Et la couverture ? Et les parapluies ?
Et le petit sac en cuir de Russie ?

Allons, viens, viens,
Tu n'as plus le temps, tu iras dans le train.. —

Cependant la porte s'ouvre ;
Le chef de gare se découvre :

— Messieurs les voyageurs, en voitur' s'il vous plait !.. —
Et tandis que chacun s'affole,
Que la maman giffle le petit Paul,
Que le garçon ne rend pas la monnaie,

Le chef de gare, homme distrait,
Mais distrait jusqu'à l'hyperbole,
Ferme sur lui la porte du Buffet,
A CLEF,

Et s'en va fredonnant un petit air de danse —

La locomotive siffle avec insouciance,
Et au nez des voyageurs
Prisonniers, impuissants, rageurs,
Le train s'ébranle, et va ailleurs.

PAYSAGE DE NEIGE

Extrêmement blanche, la neige
Couvre une plaine
Du département de l'Ardèche ;

Extrêmement noirs, onze corbeaux,
Sur les branches blanches d'un ormeau,
Echangent leurs impressions, et font des mots,
En s'entretenant de choses et d'autres :

Leurs affaires ne sont pas les nôtres.

Paraissent, au détour du sentier,
Huit enfants, qui ont le nez,
Et les pieds,
Gelés :
Il est d'ailleurs facile de reconnaître à leur voix
Qu'ils sont savoyards.

Il y a aussi un grand loup.

Au bout d'un certain temps les corbeaux s'envolent,
Les enfants se dirigent du côté de l'école,
Le loup crève, la neige fond,

Et puis, qu'est-ce que ça peut bien vous faire, au fond ?

L'ÉPONGE

Lorsqu'une dame eut fait emplette
De la petite éponge de toilette,
Les brosses, les peignes, ses voisins,
(De celluloïd ou d'écaille),
Tous ils s'écrièrent : — Enfin !
Ce n'est pas trop tôt qu'elle s'en aille !...
Ah ! cette éponge, nous a-t-elle rompu la tête
Avec ses histoires de crevettes,
Et les crabes, ses vieux amis,
Parmi
Les rochers couverts d'algues vertes !...
La mer !... Elle prenait des airs penchés : la mer !...
Et, quand monsieur Loti fut mis à la retraite,
Cette façon qu'elle eut de pleurer : — Pauvre Pierre !
Je sais, aux maux que j'ai soufferts,
Toute la peine qui t'est faite !

De son côté, l'éponge, assoifée d'affections,
Songeait, tout en suivant sa nouvelle maîtresse :
— Encor des camarades que je laisse !...
Encore se créer d'autres relations !...
Ceux-là, du moins, goûtaient ma conversation,
Prenaient plaisir à mon commerce...
(Ainsi nous nous faisons souvent illusion
Sur les sentiments vrais de ceux que nous quittons).

La dame, sur ces entrefaites,
Dans son cabinet de toilette,
Sans perdre un instant, prend l'éponge,
Et la plonge
Au fond d'une grande cuvette,
Puis se met en devoir de faire sa toilette,
Sa toilette la plus complète ;
(C'est dire qu'elle se déshabille.)
Au demeurant, fort belle fille,
L'éponge, attentivement, la considérait :
Non pas, vous l'entendez, pour la bagatelle,
Mais il est assez naturel
Qu'à des gens, avec lesquels

On doit se frotter d'aussi près,
On témoigne quelque intérêt.

Soudain l'éponge fait un sursaut,
Et la dame, éclaboussée d'eau,
Demande ce que cela signifie ?
— Pardonnez-moi, je vous en prie,
Dit l'éponge, mais la surprise... l'émotion...
Vous étiez bien, il y a trois ans, à Houlgate ?
— Il n'y a pas trois ans, mais quatre ;
D'ailleurs, pourquoi cette question ?
— Quatre ans !... comme nous vieillissons ?...
Mais cela n'a pas d'importance,
Car, ah ! voyez-vous, c'est si bon... :
Se retrouver presque en pays de connaissance !...

Mais vous vous demandez peut-être
Ce qui m'a fait, à l'instant même, vous reconnaître,
Alors
Que je ne vous remettais pas d'abord ?
Un seul mot vous l'expliquera :
Ce jour où, prenant vos ébats

L'ÉPONGE

Sous les baisers de la vague écumante,
En une minute charmante,
Votre maillot, du haut en bas, se déchira, —
Chère madame, ce jour-là,

Humble zoophyte, j'étais là. —

LA REVENDICATION DES CANAUX

Les canaux ont dit : — Nous avons plein le dos,
Nous avons plein le dos d'être des canaux latéraux.

Oh ! d'abord, sortir d'une source,
Une source, avec de la mousse,
Et des petites fleurettes autour,
Et des bergers qui parleraient d'amour !...

Mais de bergers, de bergères, — bernique !...
Nos Naïades et nos Tritons
Sont
Des ingénieurs des Chaussées et des Ponts ;
Et nous sortons de l'Ecole Polytechnique.

On aggrave encor notre sort
En nous affublant de noms à coucher dehors,
Des noms dénués de toute poésie :
Nous ne prétendons pas qu'on nous dise *Voulzie,*
Mais enfin il n'était pas besoin
De nous appeler les canaux de l'Ourcq ou de Loing !.

Et les écluses, non, mais, les écluses.
Croyez-vous que ça nous amuse ?
Tantôt en bas, tantôt en l'air,
— Montagnes sinistrement russes —
C'est à nous donner le mal de mer,
Les écluses !..,

Ah ! pouvoir parmi les prés
Serpenter à notre gré,
Faire des circuits, des zigzags,

Avoir des tourbillons, des vagues,
Déborder aussi quelquefois :

Ah ! ne plus marcher toujours droit ! —

Regrets superflus, plaintes vaines,
Aujourd'hui, tout comme demain,
Comme hier, comme après-demain,
Et les jours des autres semaines,
Nous suivons le même chemin
Rectiligne, sans imprévu, toujours le même :

Car nous sommes les mornes canaux,
Aux rives monotones et tristes,
Que des ingénieurs peu artistes
Tracèrent, en s'appliquant, avec leurs niveaux ;

Et nous berçons notre mélancolie
Au rythme lent du pas des ânes et des mulets,
Qui traînent les bateaux plats, pesants et laids,
Chargés de charbon ou de poteries.

LA COMPLAINTE DE MONSIEUR BENOIT

Dans sa coquette maison de campagne de Saint-Mandé,
Monsieur Benoît, hier matin, s'est suicidé.

On peut dire que c'est joliment désagréable pour sa famille,
Et sans doute aurait-il mieux fait de rester tranquille ;

Avec ça que c'est une fichue existence que je prévois,
Dès lors, pour cette bonne madame Benoît ;

Cette pauvre mademoiselle Benoît est également bien à plaindre,
Elle qui allait épouser un riche industriel de l'Indre ;

Et le fils Benoît, un garçon si rangé et si travailleur.....
Faut-il qu'il y ait des gens, tout de même, qui a du malheur!

Le plus dégoûtant, c'est que c'est encore une histoire de femm[e]
Monsieur Benoît était d'un naturel léger, Mesdames.....

N'empêche que toute la famille est allée à l'enterrement :
Et il faut avouer qu'il leur était bien difficile de faire autreme[nt]

LA GRENOUILLE ET L'AMATEUR DE PHOTOGRAPHIES

Une grenouille,
A l'heure où plaise au ciel que ton pot-au-feu bouille,
— Je veux dire l'heure du dîner —
N'ayant pour son repas la moindre ratatouille,
Stationnait
Devant la vitrine d'un photographe.
Vint à passer un monsieur grave,
Qui sortait de chez son tailleur,
Ou bien d'ailleurs,
Mais qui n'était pas décoré de la Légion d'honneur.
En tout cas, ce monsieur, je gage,
Avait dû déjeûner assez tard,
Car
S'il avait eu faim, il se serait pressé davantage.

Donc, tout en flânochant, voilà
Que le monsieur s'arrêta
Pour considérer, avec une attention soutenue,
Le portrait de quelques personnes bien connues,
Notamment, il n'est pas mauvais qu'on le remarque,
Le portrait de monsieur de Max,
Et celui de cette ballerine à la mode
Qui a nom Cléo de Mérode.
J'ignore quel effet cela lui produisit,
Et si
Ces personnes lui suggérèrent quelques idées...
Toujours est-il qu'après les avoir regardées,
Vers la grenouille il tourna de gros yeux
Libidineux ;
La grenouille aussitôt se rapproche,
Et, par de menus frôlements,
Montre au monsieur qu'il ne lui est pas indifférent :
— Elle avait faim ; peut-on lui en faire un reproche ?

Bref, quelques instants plus tard,
Dans un restaurant du boulevard,
De ceux-là qui sont à prix fixe,

LA GRENOUILLE ET L'AMATEUR DE PHOTOGRAPHIES

La grenouille et le monsieur,
Occupés et silencieux,
Dégustaient un potage bisque.

C'est ainsi que des gens que l'on ne connaît pas,
Parfois nous font partager leur repas.

LA GRUE, LE HUSSARD

ET LE PROPRIÉTAIRE D'IMMEUBLES

Il peut être fâcheux de ne pas arriver à l'heure :
    Nous l'allons montrer tout à l'heure.

    Un propriétaire d'immeubles
Avait mis une petite grue dans ses meubles :
        Apparemment
    Il croyait être son seul amant,
    En quoi il se trompait, du reste,
    Car la petite, de ses caresses
    Réservait la meilleure part
A un maréchal des logis du 4° hussards.
    Le samedi de chaque semaine,
— Vous ai-je dit qu'il habitait le Maine ? —

Notre propriétaire venait,
Avecque la grue il dînait,
Puis se couchait, et badinait,
Autant qu'on peut badiner à cet âge,
Et puis le train du matin reprenait,
Sans en demander davantage.
Comme bien vous devez penser,
Le beau hussard ne tardait guère à le remplacer,
Et reprenait le badinage
Au point où le propriétaire l'avait laissé ;
A part cela, d'ailleurs, notre grue était sage,
Et comme les deux messieurs étaient très réguliers,
Ils ne se rencontraient jamais dans les escaliers.

Mais un jour qu'au delà de l'heure coutumière,
Comme aux dépens de sa moelle épinière,
Il avait prolongé les caresses dernières,
Le propriétaire arriva en retard
A la gare ;
Il fallait bien en prendre son parti :
En quatre mots, le train était parti.
Notre Monsieur se résigne ;

Il va porter à la consigne
>> Son filet
A parapluies et sa valise,
Et pense, pour se consoler :
« Pour cette chère enfant, quelle bonne surprise ! »
Que voulez-vous que je vous dise ?
Il revint, il avait la clé ;
Il n'eut pas de peine à surprendre
Le hussard dans son palissandre :
Il eût d'ailleurs préféré s'en aller ;

Car justement le sage treuve
Que ce qu'il y a d'embêtant,
A vrai dire, ce n'est pas tant
D'être cocu que d'en avoir la preuve.

DISCRÉTION

Dans les mauvais lieux,
Chez les filles de mauvaise vie,
Des Messieurs
Se complaisent à laisser leur photographie ;

Ce sont des caporaux de zouaves,
(Galants et braves),
Ou d'intrépides loups de mer,
— Qui firent faire leur portrait pour leur vieille mère ; —

Et c'est aussi le groupe agile
Des moniteurs de notre école de Joinville ;
Chéri de la maitresse du logis,
Voici le beau maréchal des logis ;
— Parfois encore un garçon charcutier (pour le civil). —

Ils sont dans des cadres distingués, et de peluche,
Des cœurs avec des flèches brodés au coin :
Et sur la cheminée, non loin,
Monsieur Félix Faure salue les souverains russes.

Leur regard est doux, obligeant,
Et n'intimide pas les gens ;
Quand, avec une galanterie toute française,
Devant leurs yeux nous nous mettons à l'aise,
Ils n'ont par l'air de la trouver mauvaise ;

Ils sourient aux ébats coutumiers, et tolèrent
Les caresses les plus familières ;
(D'ailleurs, soit dit sans fatuité,
Je sais des soirs où ils ne doivent pas s'embêter,
N'est-ce pas, ô chère ?...)

Ils sont remplis de discrétion,
Et ne se mêlent pas à la conversation ;
Sans crainte la dame peut prétendre
Qu'ils sont le grand frère Alexandre,
Ou le petit cousin Gaston,
Jamais ils ne protesteront.

Or nous avons eu mêmes goûts,
Et nous pourrions être jaloux,
Car ils sont plus heureux que nous ;

Mais leur modestie est extrême :
Eux que l'on aime pour eux-mêmes,
Et qui de nous auraient droit de sourire,
Ils ont le souci délicat
De ne nous humilier pas,
Et de ne pas trop nous le faire sentir...

Avec quel tact, et quelle dignité sobre,
Quand nous déposons, près du globe
De la pendule, notre obole,
Ou bien encor sous le bougeoir, —

Ils feignent de ne pas s'en apercevoir !

Mais cependant que l'on pratique
Les menues mesures hygiéniques,
Ils nous semblent moins sympathiques...

SOLILOQUE

Ah ! combien j'en connais de gens,
Qui sont extrêmement obligeants,
Mais qui ne prêtent jamais d'argent !...

Mont-de-Piété, Mont-de-Piété,
Où mon matelas fut porté,
Et, hélas ! aussi la croix de ma mère,

Que le pécule est éphémère !

Je vois, à la terrasse des cafés,
Des messieurs vêtus de vêtements clairs, et coiffés
D'élégants chapeaux de paille,
Qui boivent des boissons glacées, avec des pailles,
En échangeant des aperçus spirituels...

Dans ma bourse plus rien ne danse,
Rien qu'un morceau de papier gommé, sans importance,
Une petite clé, et une correspondance
D'omnibus, (périmée, je pense)...

Et je ne puis me défendre de quelque fiel.

RONDE

POUR CEUX QUI N'ÉTAIENT PAS DU DINER

> — Vous savez comme notre salle à manger est petite ; mais vous nous ferez l'amitié de venir prendre une tasse de thé.

Curons nos dents, rinçons nos bouches,
Ils finiront les croquembouches.

Quand ils ont bien mangé, bien bu,
D'un tas de choses excellentes,
Et que leur prononciation se fait lente,
A digérer l'exquis menu, par le menu ;
Tandis que les Messieurs, en fumant des londrès,
S'informent discrètement : « Où est-ce ? »
Et que, dans le salon, nulle dame ne bouge,
De peur de devenir plus rouge, —

Alors, très humble et mélancolique, s'avance
La théorie des invités sans importance.

Curons nos dents, rinçons nos bouches,
Ils finiront les croquembouches.

Voici d'abord les petits lieutenants,
Qui arrivent toujours sept ensemble,
Et qu'on invita « pour leurs jambes » :
— Ma chère, les danseurs se font rares maintenant. —
Le jeune homme bien parisien est attendu,
Qui dira *le bal à l'Hôtel de Ville* et *le Pendu*;
Enfin, il y aura « ces gens si artistes » :
Le Monsieur a l'air un peu cuistre,
Mais sa fille chante, sa femme fait danser,
Et lui, on ne peut pourtant pas le laisser.

Curons nos dents, rinçons nos bouches,
Ils finiront les croquembouches.

Ceux-là n'ont pas dîné en ville,
Leur teint n'est pas épanoui,

Car ils n'ont mangé que le bouilli
De la famille ;
Mais on a pour eux des bontés,
On leur fait reprendre du thé :
— « Ça ne vous fera pas de mal ! » —
Insiste le vieux général ;
Et, pour leur donner des jambes et de la voix,
On va leur chercher le reste du gâteau de Savoie.

Curons nos dents, rinçons nos bouches,
Ils finiront les croquembouches.

CHAPITRE DES CHAPEAUX

QUE L'ON RENCONTRE EN PROVINCE LE JOUR DU 1ᵉʳ JANVIER

Du fond des familiales armoires,
C'est ce jour-là qu'on fait sortir les chapeaux noirs.

Quelle que soit la température,
Pluie ou vent, dégel ou froidure,
Que les chapeaux noirs ont bon air
Sur le crâne des fonctionnaires
Qui vont à la sous-préfecture !

Par bandes de trois ou de six,
Plus nombreux, moins nombreux aussi,
On dirait d'un vol d'hirondelles
Partant, avec de petits cris,
A tire d'ailes : et quelles ailes !...

Car les ailes des chapeaux noirs,
Toutes nous content quelque attendrissante histoire :

— Chapeau aux larges bords, quand donc pris-tu ton vol ?
— Pour le baptême du petit Paul...

— Bords étroits, de quoi nous faites-vous souvenir ?
— De la fois où les Ministres devaient venir. —

Et c'est ainsi qu'en rangs serrés,
Ils vont, soigneusement lustrés
Par la main des femmes aimantes,
Qui, de loin, regardent aux carreaux,
Et trouvent que leurs maris ont des chapeaux
D'une forme véritablement élégante...

— Cependant il faut avouer que le surnuméraire,
Le surnuméraire, bien entendu, de l'enregistrement,
Un jeune homme charmant,
Ma chère !
Vous a encore une allure particulière :

Son chapeau vient de chez ?? Charles ??
— Tu parles !... —

Lorsque sera tombée la nuit,
Après deux ou trois tours de ville,
On remettra les chapeaux noirs dans leurs étuis,
Où ils se rendormiront, bien tranquilles.

On les ressortira pour le quatorze juillet,
Ou même avant, s'il vient un nouveau Sous-Préfet,
Ou si monsieur Félix Faure passe à la gare.

Ou encore si le Directeur
Venait à mourir, par bonheur,
Sans crier gare :

Ce qui serait excellent
Au point de vue de l'avancement.

HISTOIRE DE LA VIEILLE DAME TRÈS DÉVOTE

J'aimai jadis une vieille dame très dévote ;
Et même, cela me fit donner d'assez mauvaises notes,

Et faillit m'attirer de vilaines histoires,
Au temps ou j'étais receveur buraliste, dans la Haute-Loire ;

Mais maintenant que je ne suis plus fonctionnaire,
Le fait ne présente en lui qu'un intérêt secondaire ;

J'ajouterai, car on exagère, on exagère tout de suite,
Nos relations se bornèrent à quelques échanges d'eau bénite ;

Et puis, d'ailleurs, cette vieille dame, elle est morte,
Et alors, à cause des enfants... et puis n'importe !

LE SOLEIL ET LES QUATRE JEUNES FILLES

Quatre jeunes filles,
Appartenant à d'excellentes familles
De la ville,
Se perdirent un soir — peut-être, à dire vrai,
L'avaient-elles fait exprès —
Bref, se perdirent dans la foule,
En sortant de l'église Saint-Philippe-du-Roule.

Six jeunes gens qui, eux, sortaient du régiment,
Probablement,

Leur demandèrent poliment,
Selon la mode parisienne,
Si cela leur ferait plaisir
De venir avec eux dans un café se rafraîchir :
La chaleur, en effet, était diluvienne.
— Moi, je veux bien que l'on m'emmène,
Dit la première. — Et la seconde dit :
Moi aussi ! —
La troisième ajouta : Si cela ne vous gêne,
Ma foi ! ce n'est pas de refus !
— Ah ! franchement, ni moi non plus,
Conclut enfin la quatrième. —
Et les voilà partis, bras dessous, bras dessus :
Tant il est vrai qu'en ce pays de France,
On a vivement fait de lier connaissance.

Tous les dix entrent sans retard
Dans le premier café, et demandent un quart :
(On désigne de cette manière
Certaine quantité de bière) ;
Mais les quarts n'étaient pas venus,
Que tous dix étaient déjà bus.

Le garçon en apporte d'autres,
On lui en fait rapporter d'autres ;
Et les quarts succèdent aux quarts,
Et puis les demis aux demis ;
Et l'horloge dit : — Moins le quart ! —
Et l'horloge dit : — Et demie ! —

— Amis, l'heure a sonné d'aller boire autre part !
Messieurs, au bar ! Messieurs et Mesdames, au bar !
Cette bière, vraiment, avait trop de faux-cols :
Allons les blanchir dans l'alcool ! —

Et, pris d'une soif nouvelle,
Les voilà, de nouveau, buvant comme des outres
Des boissons telles
Que des cocktails
Au gin, et même au vermouth,
En outre.

Je vous laisse à songer dans quelle anxiété
Était plongée, pendant ce temps-là, la famille
De nos quatre jeunes filles :
Père, mère, cousins, toute la parenté,

Les cherchaient de tous les côtés,
— Sans parler des sergents de ville ;
Mais ces derniers (soit dit tout bas à monsieur Blanc),
Se bornaient à faire semblant,
Préférant, par tempérament, rester tranquilles.
La mère, cependant, avait eu la pensée
De fouiller les Champs-Élysées ;
Oh ! nuit tragiquement passée !...
Elle était là, n'en pouvant plus, tombant
De banc en banc, —
Quand, dans le demi-jour matinal, apparurent
Deux voitures,
Où de jeunes femmes, perchées
Sur le siège du cocher,
Faisaient retentir l'air de leurs refrains gaulois.
— Ces voix !... je reconnais ces voix !..—
Dit la mère, guidée par l'instinct maternel :
C'étaient nos quatre péronnelles,
Et vous devinez, n'est-ce pas,
Dans quel état !...
La mère crie et les appelle ; —
Mais le soleil, dardant ses rayons d'or, soudain,

Sous les yeux consternés de leur mère éplorée,
Les but ainsi que rosée du matin...

Et tel fut l'étrange destin
Des demoiselles évaporées.

CHAMEAUX

J'ai connu dans mon enfance un vieux lapidaire
Qui avait fait emplette de trois ou quatre dromadaires,

A l'encan, — ou dans quelque liquidation,
(Ce qui, alors, simplifierait beaucoup la question) ;

Il faut d'ailleurs, aimable lecteur, que je le confesse,
Ce n'était pas des dromadaires de la grosse espèce,

Mais ce n'était pas de petits dromadaires non plus,
Ils étaient d'une bonne moyenne, — et même un peu plus.

Malheureusement le lapidaire dut les mettre dans sa commode.
Les logements, à Paris, sont si incommodes ;

Et alors les pauvres dromadaires
Sont tous morts, par suite du manque d'air

PROPOS DE BAIN

— Ami, tu ne me reconnais pas ? —
M'a dit, d'un ton de doux reproche,
Le bouchon qui tout autour de moi tourne et s'approche,
Et qui flotte,
Dans la baignoire où je m'ébroue et je m'ébats :

— Ami, tu ne me reconnais pas ? —
Et comme je lui avouais que non,
Voici qu'il m'a dit à l'oreille :
— Je suis le bouchon de la bouteille,
Tu sais, la bouteille si vieille,
Une bouteille des grandes occasions,
Qu'on dégusta le jour de ta première communion...

Ah ! tu n'es plus l'enfant très sage,
Avec un grand cierge et un brassard à filigranes,
L'enfant que de bonnes et pieuses dames
Embrassaient, en lui donnant de belles images...

Car tu n'as pas triomphé des épreuves,
Et Satan, ses pompes, ses œuvres,
Ont sur toi repris leur empire :
En as-tu fait, en as-tu fait,
Et les filles, et le café,
— Tant de péchés ! —
Et même pire !

Et moi non plus, je n'ai pas suivi la droite ligne ;
Quand j'eusse pu, au lieu de ce métier indigne,
Etre le tranquille bouchon d'un pêcheur à la ligne,
— Moi non plus, je n'ai pas suivi la droite ligne !

— Calmes pêcheurs le long des peupliers,

Ménages d'ouvriers,
Ménages d'employés,
Ménages de petits rentiers !

Sur l'herbe drue la nappe est mise :
Voici des fleurs, des fruits, des goujons et des tanches ;
Pour l'appétit que le grand air aiguise,
En manches
De chemise,
Pêchons la friture des dimanches ! —

Mais j'ai trouvé ces saines joies
Bonnes seulement aux bourgeois,
Trop simples, trop bêtes :
Aller taquiner le goujon,
Fi donc !
J'en ai voulu faire à ma tête...

Et, profite de mon histoire,
Que la bassesse de mes instincts te soit connue,
Te soit notoire :
Je me suis fait bouchon flotteur dans les baignoires,
Pour voir
Des femmes, des petites femmes nues...

Tu parles, que je les ai vues !

Et j'ai vu des hommes, tu sais :
J'ai vu Sarcey,
Et d'autres, et d'autres, et d'autres,
D'aucuns barbus comme des apôtres,
D'aucuns rasés ;

Et ils m'ont mis une ficelle, ils m'ont ficelé,
Les lâches, — pour que je ne puisse plus m'en aller !

— A bon droit si tu te lamentes, —
Lui dis-je alors, — du moins, en compensation,
Tu évites ici la blessure du tire-bouchon,
Sournoise, humiliante,
Et voire
Attentatoire... —

Mais il prit à ces mots un air si singulier,

Que je ne remettrai plus jamais les pieds
Dans cette baignoire.

LA MAITRESSE QUE JE PRENDRAI

La maîtresse que je prendrai sera très bête :
Les femmes d'esprit nous font tant de mal à la tête ;

Elle ne sera pas même de la Société des Gens de lettres,
Et elle n'aura jamais été institutrice, peut-être ;

Et alors elle ne m'appellera pas son cher poète,
Et elle ne recopiera pas mes vers à l'encre violette ;

Mais je me complairai, en d'exquises délices, à reconnaître
Qu'elle manque totalement, oh ! mais totalement de lettres ;

Et nous ferons bien gentiment tous deux la petite fête,
Sans dépasser d'ailleurs, bien entendu, les bornes honnêtes

Et ainsi nous nous serons aimés bêtement, comme des bêtes —
Et puis, après tout, ça n'est pas déjà si bête.

ATAVISME

Des petits garçons, des petites filles,
— Famille, famille ! —
Dans le parc (est-il de Saint-Cloud ?)
Jouent
Avec des ballons et des poupées en caoutchouc.

Et moi aussi j'ai porté des petites toques
En astrakan, et de grands cols marins :
Je ne dépensais pas mon argent avec des calins,
Et je ne buvais pas tant de bocks !

En province, être encore un mioche,
Le petit dernier du percepteur d'Auch !

— Taloches,
Brioches, —
Bébé radieux
Avoir des cheveux!

Près de la nourrice Catalane,
Sur un banc, je me suis assis,
Et je goûte l'amusement exquis
De faire diverses figures de géométrie,
Par terre, avec le bout de ma canne.

Le bébé que tient la nounou
S'intéresse vivement à ces choses :
Il tend vers moi ses petits poings roses,
Et je le prends sur mes genoux.

— « Qu'est-ce qui va être bien sage ?
C'est Tutur, le titi Tutur.
Et s'il est sasage,
Le titi Tutur,
Qu'est-ce qu'il aura ?
Un joli dada,

Et de la bonne confiture,
Et du gâteau, et du bonbon,
Tutur, le titi Tutur !... » —

Mais, d'un air obsédé, le bébé m'interrompt :

— « C'est Arthur, et non pas Tutur, que l'on me nomme »,
Dit gravement le petit homme ;
« De même on dit cheval, on ne dit pas dada :
Mon Dieu, monsieur, ne pourriez-vous donc pas
Vous exprimer comme tout le monde ? » —

Le frêle enfant aux boucles blondes
Était un descendant de Monsieur Quicherat.

LE POISSON ROUGE

Il semblait que, dans le bocal où on l'avait mis,
Le poisson rouge eût nettement compris
Combien sa situation était fausse :
Ah ! il n'avait pas l'air d'être à la noce,
Je vous le garantis.

On avait bien cherché à lui être agréable :
On avait orné le bocal avec du sable,
Et des petits coquillages rapportés exprès d'Houlgate,
Ce qui était, convenez-en, une attention délicate ;

Avait-on négligé d'élégantes rocailles ?
On avait ajouté des branches de corail,
Un baigneur en porcelaine, et un bateau ;
On avait même essayé d'installer un jet d'eau,

Dans le genre, en plus petit,
De celui qui est à Versailles :
Il est vrai qu'on n'avait pas réussi ;

Mais enfin, tout ce qu'on peut faire dans un bocal,
Tout ce qui est humainement possible,
On l'avait fait, — ce n'était pas déjà si mal,
Pour un poisson rouge qui, en définitive,
N'avait aucune raison de se montrer trop difficile.

Et pourtant, autour du petit baigneur en porcelaine,
Le poisson rouge tournait, tournait comme une âme en peine

En le regardant avec persistance,
Il finit par m'apercevoir
D'un détail auquel je n'avais pas attaché d'importance,
Et qui ne laissait pas cependant d'en avoir :

Le poisson rouge, — était-ce un rêve ? —
Remuait, remuait régulièrement les lèvres,
Les lèvres... ou enfin la bouche, les mâchoires,

Bref, vous appellerez ça comme vous voudrez
L'appeler,
Mais le fait patent, le fait certain, le fait notoire,
C'est que le poisson rouge semblait avoir à me parler ;

Seulement voilà, — et souvenez-vous en,
Jeunes gens,
Qui du Conservatoire affrontez l'examen, —
Malgré l'attention la plus scrupuleuse,
Même en le prenant dans ma main,
Pour le comprendre tous mes efforts restèrent vains :

Son articulation était trop défectueuse ;

Et comme, d'autre part, il ne pouvait pas l'écrire,
Je n'ai jamais su au juste ce qu'il voulait me dire.

BERCEUSE OBSCÈNE

Ecoutez, écoutez la jolie chanson,
Que les nourrices cauchoises chantent à leur nourrisson :

I

Si Bébé est sage,
Bébé fera un beau gendarme ;
Nounou dégrafe son corsage,
— Totilu panpan, —
Et qui qu'aura du bon nanan ?
Le petit fanfan, le petit fanfan :
Monsieur voudrait bien en avoir autant,
— Totilu panpan. —

II

Quand Bébé sera grand,
Ce sera beaucoup plus intéressant ;
Si Nounou dégrafe son corsage,
— Totilu panpan, —
Qui qui fera le beau gendarme ?
Le petit fanfan, le petit fanfan...
Monsieur ne serait plus fichu d'en faire autant,
— Totilu panpan. —

Et voilà, et voilà la jolie chanson,
Que les nourrices cauchoises chantent à leur nourrisson.

LES VAINES SEMAILLES

En traversant certains quartiers,
Au hasard de matinales visites,
(Humble obole portée à des grévistes...
Merci, merci pour la veuve du ferblantier !..)
Rues bizarres, improbables rues,
Il nous semble soudain vous avoir parcourues ;
Quelque chose nous dit que nous sommes déjà
Passés par là...

Oui, cette crémerie m'est familière,
— Changement de propriétaire, —
Mon âme vibre à ces Bois et Charbons ;
Je vis de telles charcutières,

— Les charcutières qui se font,
Sur le front,
De petits frisons polissons,
Comme sont les queues des jeunes cochons, —

J'ai vu de telles charcutières :
Mais, hélas ! ce n'est pas hier...

Car maintenant je me souviens :
Par un analogue matin,
— Printemps de la vingtième année ! —
Avec mon collet relevé,
Je me trouvai sur ce pavé,
Après quelque folle nuictée...

Yeux gonflés, gueule de bois,
— Tout à la joie ! —
Ohé ! la noce d'autrefois !

Grasse ou fluette, petite ou grande,
Mignon, ou Marcelle, ou Fernande,
Entre les bras de qui (de qui ?)
M'endormis-je là, cette nuit ?
Cheveux noirs, brune ou blonde tresse, —

Mais ne fut-ce pas la Négresse ?

En tout cas, son père, je gage,
(Elle le confia à mon honneur),
Était un officier supérieur,
Dans la gendarmerie, ou dans le train des équipages ;

Grasse ou fluette, petite ou grande,
Mignon, ou Marcelle, ou Fernande ?

Oui, je reconnais la maison :
Le nid d'amour, ce devait être
Au troisième, ces deux fenêtres ;
Et je devine le salon,
— Portières d'Orient, lanternes japonaises, —
Où tu me conseillas de me mettre à mon aise,
Et me montras tant d'abandon...

Une dame, en peignoir violet et rubans crème,
Se penche, — elle accroche au volet
La cage de son perroquet : —

O Dame en peignoir violet,
Et rubans crème,
Dame de mon printemps envolé, —

Dire que c'est peut-être la même !

Hélas ! hélas ! combien de fois,
Comme cette fois,
— Yeux gonflés, gueule de bois,
Tout à la joie ! —
M'éveillai-je entre des bras nus,
Où je ne suis plus revenu...

De la rive droite à la rive gauche,
— Les deux rives, selon le mot de Vandérem, —
Dans toutes les rues où l'on aime,
J'ai commis les pires débauches ;

Auprès d'épinoctes Maîtresses,
J'ai laissé, lambeau par lambeau,
Et de mon cœur, et de ma peau,
Et mon amour, et ma jeunesse,

Auprès d'épinoctes Maîtresses,
Dont j'oubliai jusqu'aux adresses ;

J'ai semé, — le geste fut beau...
J'ai semé d'un geste superbe ;
Mais j'ai mangé mon blé en herbe,
Mon bœuf, je l'ai mangé en veau...

Et maintenant je songe avec mélancolie
Au temps où une nuit d'orgie
Pour mes vingt ans n'était qu'un jeu,
Et où ma lèvre rougie
Ne craignait pas le feu.

BENJAMIN

CHANSON BACHIQUE

I

Le Récitant.

Bonnes gens occupés à boire
De la lière ou du pippermint,
Ecoutez la tragique histoire
De l'infortuné Benjamin :
Cet enfant sans obéissance,
De ses parents quittant le toit,
Voulut, seul, malgré leur défense,
Monter sur les chevaux de bois :

Car ces chevaux étaient de bois...

CHŒUR DES BUVEURS

Pas tant que nos gueules, crois-moi,
Pas tant que nos gueules !

II

Le Récitant

Déjà Benjamin a pris place,
On part : oh ! bonheur sans égal !
Benjamin, dévorant l'espace,
Tourne, emporté par son cheval ;
Hop ! du galop ! de la voltige !...
Mais, souvenir rempli d'effroi,
Soudain l'enfant, pris de vertige,
Tombe sur le pavé de bois !

Car ce pavé était de bois...

CHŒUR DES BUVEURS

Pas tant que nos gueules, crois-moi,
Pas tant que nos gueules !

III

Le Récitant

Tout sanglant, la tête fendue,
On le porta chez ses parents :
Vous devinez, à cette vue,
Combien leur désespoir fut grand ;
Mais il n'y avait rien à faire,
La mort l'avait touché du doigt ;
On mit sous tes yeux, pauvre mère,
Ton fils dans un cercueil de bois ;

Car ce cercueil était de bois...

Chœur des buveurs

Pas tant que nos gueules, crois-moi,
    Pas tant que nos gueules !

LE CHAPELET

CANTIQUE DE ROUTE

Les pèlerins
Ont pris le train,
Le train de Pâques :
De l'eau de Lourdes
Plein leurs gourdes,
Des bons conseils plein les esgourdes,
Et du pain bis dans leur bissac.

— Billets d'aller et retour,

Valables pour plusieurs jours, —

Les pèlerins ont pris le train de Pâques.
— Bon pèlerin, de quoi-t-est fait,
De quoi-t-est fait ton chapelet ? —
A demandé, par manière de courtoisie,
Tout en contrôlant leurs billets,
L'employé de la Compagnie :

— Bon pèlerin, de quoi-t-est fait ton chapelet ?

PREMIER PÈLERIN

Mon chapelet est fait de graines,
— De grain en graine,
Tirelaine ! —
Est fait de graines de raisin ;
Joli raisin du joli vin,
Mon chapelet est fait de graines.
Car, tous les jours de la semaine,
Et tous les dimanches aussi,
J'en ai tant bu du vin joli,
Que j'en perdais la méridienne ;

Et puis, n'est-ce pas, ce n'est pas la peine,
   Et je vous en ai assez dit :
      — Tireli, —
Mon chapelet est fait de graines.

Bon pèlerin, de quoi-t-est fait,
De quoi-t-est fait ton chapelet ?

DEUXIÈME PÈLERIN

Mon chapelet est fait de graines,
   — De grain en graine,
      Tirelaine ! —
Est fait de graines d'épinards :
J'aimai la guerre et ses hasards ;
Mon chapelet est fait de graines.
Mon premier galon fut de laine,
Mais l'épaulette était en or ;
Ah ! vive notre état-major,
Que chacun de nous se souvienne !...
Et puis, n'est-ce pas, ce n'est pas la peine,
   Pourquoi vous en parler encor :
      — Tirelor, —

Mon chapelet est fait de graines.

Bon pèlerin, de quoi-t-est fait,
De quoi-t-est fait ton chapelet ?

TROISIÈME PÈLERIN

Mon chapelet est fait de graines,
— De grain en graine,
Tirelaine ! —
Il est fait de graines de lin :
Graines chères au médecin,
Mon chapelet est fait de graines.
Que voulez-vous, ça n'allait pas,
Mais espérons que ça ira...
Les oiseaux chantent dans la plaine.
Et puis, n'est-ce pas, ce n'est pas la peine,
Et advienne ce que pourra :
— Tirela, —
Mon chapelet est fait de graines.

Ainsi chantent les pèlerins
Dans les compartiments de troisième ;

Ils reprennent tous au refrain,
Et chacun dit un nouveau thème :
Ils sont quatre cent quatre-vingts
(Au moins),

Mais j'ai cru devoir m'arrêter au troisième.

RONDE
DES NEVEUX INATTENTIONNÉS

I

Nous sommes allés dans des gares de la ceinture,
Nous avons parcouru des plaines et des coteaux,
Nous avons vu stopper des bateaux,
Et nous avons vu s'arrêter des voitures ;
Mais les bateaux sont repartis,
Et les voitures sont reparties aussi :

Sous les quinconces,
Nous ne retrouvons pas nos oncles.

II

Nous y sommes allés bien des dimanches,
Nous y sommes allés bien des lundis ;
Mardis, mercredis, jeudis, vendredis,
Ça n'a pas été une autre paire de manches :
Il est probable que, nous y serions allés les samedis,
Ça aurait été la même chose aussi :

Sous les quinconces,
Nous ne retrouvons pas nos oncles.

III

Alors, vous comprenez, ça nous dégoûte ;
S'ils se sont perdus dans les fortifications,
Et qu'ils ne retrouvent plus les numéros de leurs maisons,
Qu'est-ce que vous voulez que nous, on y foute ?
Il serait plus sage, vraisemblablement,
De s'adresser à quelque agence de renseignements.

Sous les quinconces,
Nous ne retrouvons pas nos oncles.

LES FICELLES ROUGES

Les neveux ricanent

Oh ! oh ! la ficelle est bien rouge
Des paquets que vous nous envoyez !...
Oh ! oh ! pour le premier janvier,
Les tantes, vous nous envoyez
Nos étrennes, dans du papier
Ficelé de ficelles rouges...

Ah ! ah ! dans les paquets, ah ! ah !
Nous les reconnaissons, c'est cela :
Voilà quinze ans que vous nous la faites :
Ce sont toujours les mêmes crottes au chocolat.
— Bonne et heureuse on vous la souhaite! —
Ah ! ah ! dans les paquets, ah ! ah !

Eh ! eh ! les tantes, remarquez :
A l'automne vous deviez claquer, —
Et nos dents s'allongent, s'allongent,
Pour l'héritage de nos oncles !...
Ah ! tantes imprudentes, ah ! tantes !...
Nous nous lasserons de l'attente,
Malgré tous vos petits paquets :
Nous vous prions de vouloir bien le remarquer.

Oh ! oh ! la ficelle est bien rouge !
Les tantes, nous n'avons pas le sou :
Voyons, voyons, n'est-ce pas fou
De mettre des ficelles si rouges ?
Oh ! oh ! voici qui serait drôle,
— Bonne et heureuse, l'année nouvelle ! —
C'est dans votre sang, vieilles folles,
Que nous rougirons les ficelles !

Ils les égorgent.

TROIS CHANSONS A LA CHARCUTIÈRE

Un monsieur s'appelait Yau de poêle ..

Prélude

Les cloches chantent dans le ciel :
Noël ! Noël !
Noël pour celui qui délivre,
Pour le Sauveur, Noël ! Noël !...
Et par le vent, et par la neige, et par le givre,
Vers l'église vieille, les fidèles,
Des cloches ont suivi l'appel :
Noël ! Noël !

Et toi, Charcutière pensive,
A l'église tu n'iras pas,
A ton comptoir tu resteras :
Il faut vendre les cervelas,

Les rillettes, et la mortadelle ;
Il faut découper les jambons,
Pendant que les autres prieront,
Et, cependant qu'ils s'agenouillent,
Toi, tu débites des andouilles :

Car c'est ta grave mission,
De préparer les réveillons.

Mais, cependant que tu exerces,
O rêveuse, ton saint commerce,
Une musique monte vers toi, et qui te berce,
Une musique douce, exquise, étrange, et tendre,
Qu'à ton isolement les Anges,
Cléments, envoyèrent du ciel ;
Et, dans cette nuit de Noël,
— Suavité des choses que l'on mange, —
Des chants enchanteront ton rêve, Charcutière :

Chanson d'amour, chanson de deuil, chanson de guerre.

Et voici la chanson d'amour :

DU PAYS TOURANGEAU.

I

Du pays tourangeau
La blonde châtelaine
Garnit de blanche laine
Son agile fuseau :
C'est Yette qu'on l'appelle,
Et Yette est la plus belle ;
A tourné pour se voir
Les yeux vers son miroir ;
Rajuste sa cornette,
Et se voit si proprette
Dedans ses beaux atours,
Se fait une risette :
    Ris, Yette !
    Ris, Yette de Tours !

II

Un chant mélodieux
Chante sous sa fenêtre,

Et puis voici paraître
Gentil page aux doux yeux :
Lui conte sa tristesse,
Amoureuse détresse :
— Si tu ne m'aimes pas,
Pour moi c'est le trépas.
Mais point ne s'inquiète
La cruelle coquette,
Et rit de ses amours ;
Il s'est coupé la tête,
    Ris, Yette !
    Ris, Yette de Tours !

Et voici la chanson de deuil :

MALHEUREUSE ADÈLE!..

I

Ni la puissance des monarques,
La jeunesse ni la beauté,
Rien n'est donc à l'abri des Parques,
Tout doit subir leur cruauté !
    Malheureuse Adèle,
    Hier, jeune et belle,
De ses chansons elle charmait les bois,
Et plus jamais sa chère voix
N'appellera ses compagnes fidèles !...
    (*Parlé*) Adèle !...
    — Elle est morte, Adèle !

II

En vain le ciel de l'Italie,
Plus d'un célèbre praticien,
Défendirent sa chère vie,
Contre le sort nul ne peut rien.

Préparez pour elle
La pâle Asphodèle ;
Demain, hélas ! les funèbres échos
Répéteront ces tristes mots
Dont gémiront les blanches tourterelles :
(*Parlé*) Adèle ?...
— Elle est morte, Adèle !

Et voici la chanson de guerre :

VELAS OU L'OFFICIER DE FORTUNE

I

Velas, Velas,
    Est un beau gars !
Pour défendre la frontière,
Il est parti-z-à la guerre
Dès le premier branle-bas :
Quittant la bêche et la pioche,
Comme les Kléber, les Hoche,
Il se raille du trépas ;

A son cœur une voix crie :
    Sers ta Patrie,
    Sers, Velas !

II

Les gars, les gars !...
Voici Velas !

A l'honneur comme à la peine,
Il s'en revient capitaine,
Chamarré du haut en bas :
Il embrasse son vieux père,
Son amie, heureuse et fière,
Vient se serrer dans ses bras ;

Et demain on les marie :
　　Serre ton amie,
　　　Serre, Velas !

LES CURE-DENTS SE SOUVIENNENT ET CHANTENT

Sur les tables des restaurants à prix modiques,
Nous sommes les pauvres cure-dents mélancoliques.

Oh ! le voisinage écœurant, banal,
De la carafe, peut-être bien pas en cristal,
Et du pot, du petit pot disgracieux, où s'attarde
Bornibus (sa moutarde) ! —

Rêves enchanteurs
De destins meilleurs :
Ah ! devenir, comme nos sœurs,
Les plumes fécondes d'un grand auteur !...

J.

Mais ce songe n'est que mensonge :
Le dîneur affamé nous ronge,
Eternellement taillés et retaillés, — comme des ongles.

Et parfois le bourgeois en joie
S'offre le régal royal d'une oie :
Et nous retrouvons, dans le repaire de ses molaires,
La chair, dont il fit sa chère, qui nous est chère.

Alors il nous souvient
Des jours anciens,
Et du soir d'automne, où quelque servante accorte
Pluma notre pauvre mère, devant une porte ;

« En fermant les yeux je revois
« L'enclos plein de lumière,
« La haie en fleurs, le petit bois,
« La ferme et la fermière... »

(Comme l'a dit si poétiquement Hégésippe Moreau.)

Sur les tables des restaurants à prix modiques,
Nous sommes les pauvres cure-dents mélancoliques.

SONNET
DE L'INUTILE IMPERTINENCE

L'impertinent petit vieillard,
Ayant tiré de sa poche une énorme
Tabatière en corne,
Me dit d'un air goguenard :

— « Voilà du bon tabac, cher Monsieur, je m'en flatte :
Mais pour vous, c'est comme des dattes ;
Vous pouvez admirer comme on l'a bien râpé,
Mais d'en prendre un seul grain il vous faut vous taper.

— « Monsieur, dis-je au vieillard, vous ignorez sans doute
Que je chique, et ne prise pas ;
Gardez-le donc, votre sale tabac :
Qu'est-ce que vous voulez que j'en foute ? »

LA VOIX DU SANG

Le bœuf, le triste bœuf a quitté la ferme,
Le grand bœuf blanc taché de roux :
Il s'en va la tête basse, les yeux en dessous,
Et passe, dédaigneux de l'herbe.

Car d'anxieux pensers l'assiègent :
Où sont les veaux, les veaux espiègles,
Qui, dans les prés, le long des haies,
Batifolaient,
Quand pour les blés ou pour les seigles,
Il s'en allait traçant le dur sillon ?
Où sont les veaux qui l'égayaient, où sont-ils donc ?

Un jour, il en a souvenance,
Des gens de la ville sont venus,
Que, depuis, il n'a pas revus,
Et, — n'y aurait-il là qu'une coïncidence ? —
Depuis, il n'a pas revu les veaux, non plus.

Et le bœuf a ruminé dans sa mémoire
Tant de terrifiants récits,
— Pieds coupés, têtes au persil,
Rôtis, —
Que, dans l'étable, à la veillée, le soir,
Les vieux content, quand les petits sont endormis...

Dans la ville, a-t-on dit, sont des hommes sans foi,
Qui mettent les veaux en pâtée,
Et qui leur dévorent le foie,
Comme à des oies,
— Ou mieux, comme à Prométhée !

Bref, il veut en avoir la conscience nette :
Il a enlevé sa sonnette,
Pour qu'on ne le remarque pas,
Et, fuyant la ferme en cachette,
A la ville le bœuf s'en va.

LA VOIX DU SANG

Il a franchi l'octroi, le voici par les rues,
L'air un peu dépaysé,
Ce qui se comprend assez,
En citadin improvisé,
Qui vient si brusquement de quitter la charrue ;

Or, comme il erre, l'âme en peine,
Parmi tant de visages indifférents,
Une servante passe, avec un bonnet blanc,
Et vêtue de simple futaine ;
Elle marche, portant un panier sous le bras :
Au moins, elle est de la campagne, celle-là,
— Pâquerette oubliée au milieu de l'éteule, —
En la voyant, le bœuf se sent moins seul,
— Et il lui emboîte le pas ;
L'autre aurait préféré sans doute,
Mieux qu'un bœuf, rencontrer un soldat sur sa route :
Mais elle n'en continue pas moins ses emplettes.

Soudain le bœuf mugit de douleur et s'arrête :
Il voit rouge, — c'est un éclair ! —
Là, causant avec la soubrette,

Sur le seuil, en manchettes blanches,
Les deux poings posés sur les hanches,
Cette femme si bien en chair : —
Une bouchère !

Du sang, du sang rougit tous ces barreaux de fer,
Sang des fils, et sang des neveux, et sang des frères :
Le bœuf veut du sang, en échange !

Il a bondi : du sang ! du sang !
Et déjà frémit sa narine ;
Mais la servante, s'interposant,
Lui dit avec beaucoup d'à-propos : — Je devine
Les raisons de ton courroux ;
Mais calme-toi, bœuf blanc taché de roux :

C'est une boucherie chevaline.

CANTILÈNE
DES TRAINS QU'ON MANQUE

Ce sont les gares, les lointaines gares,
Où l'on arrive toujours trop tard.

— Belle-maman, embrassez-moi,
Embrassez-moi encore une fois,
Et empilons-nous comme des anchois
Dans le vieil omnibus bourgeois ! —

Ouf, brouf,
Waterproofs,
Cannes et parapluies,
Je ne sais plus du tout où j'en suis...

Voici venir les hommes d'équipe,
Qui regardent béatement, en fumant leurs pipes.

Le train, le train que j'entends,
Nous n'arriverons jamais à temps,
(Certainement!) —

— Monsieur, on ne peut plus enregistrer vos bagages,
C'est vraiment dommage! —

La cloche du départ, oui, j'entends la cloche ;
Le mécanicien et le chauffeur ont un cœur de roche,
Alors, inutile d'agiter notre mouchoir de poche...

Ainsi les trains s'en vont, rapides et discrets,
Et l'on est très embêté, après. —

LA COQUETTE PUNIE

Chez un coiffeur, appelé Marc,
(Est-il besoin, que je remarque
Qu'il était fournisseur du roi de Danemark?)
Une dame, avec ses yeux bleus, ses cheveux d'or,
  J'en conviens, me séduisait fort :

C'était ce qu'on appelle un joli brin de fille ;
Pour elle j'eusse fait de bien fâcheux écarts,
  Et le malheur de ma famille ;
  Mais rassurez-vous, amis, car,
— Au fait, ai-je pas oublié de vous le dire? —
  Cette dame était en cire.

Ce qui frappait surtout, c'était son teint de roses,
    Son teint de roses et de lis :
On rêvait, à la voir, de corail, de rubis,
    Et d'un tas d'autres jolies choses...

    Par un phénomène bizarre,
    Notre adorable jeune fille,
    Tantôt vous montrait son profil,
Ou son trois-quarts, ou son deux-quarts ;
    Après tout, est-ce un phénomène ?
La femme, toujours femme, même en cire est coquette :
    C'était pour mieux tourner nos têtes,
    Qu'elle tournait ainsi la sienne.

    Quoi qu'il en fût, je n'eusse eu garde,
(Dans les courses pressées, voilà ce qui retarde),
De ne faire un léger crochet pour l'aller voir,
    Ou, tout au moins, je changeais de trottoir.

Un jour donc que, suivant cette chère habitude,
    Pour lui dire un petit bonjour,
    J'avais fait mon petit détour,

— A des yeux amoureux, un tel spectacle est rude ! —
Je la trouvai dans quel état :
Ah !...

Ah ! que d'avoir été coquette,
Elle se repentait, la mignonne pauvrette,
Pâle, défaite, décoiffée,
Elle dont les cheveux étaient ceux d'une fée !...

Et j'eus mon âme déchirée
A voir ainsi ses pauvres traits
Tirés,
Ses tristes joues décolorées :
Comme elle pinçait les narines !
Ses douces lèvres purpurines,
De leur provocant incarnat,
Hélas ! avaient perdu l'éclat...

— De l'air, de l'air ! Cassez la glace de la vitrine !...
De l'air !... de l'air !... —
Pour moins l'on eût été malade :
Au milieu de cette atmosphère
De parfumerie, de pommade,

La dame, — ce n'était pas un bien gros malheur,
Mais ne pensez-vous pas que sa coquetterie
>   S'en trouvait chèrement punie ? —

A force de tourner avait pris mal au cœur.

LES HORREURS DE LA GUERRE

Trouvez-vous rien, mes chers amis,
Qui sente plus le confortable,
Alors que le couvert est mis,
Quand déjà les hors-d'œuvre agrémentent la table,
Trouvez-vous rien de plus exquis,
En dépliant votre serviette,
Que de parcourir les gazettes
Que l'on rédige dans Paris ?

Monsieur et Madame Durand,
(Lorsque je dis Durand, chacun de vous comprend
Que c'est un nom que ma verve imagine,)
Ce couple donc, que je prétends Durand,

Trouvait l'habitude divine,
Et n'eût touché un filet de hareng,
Olive, radis rose, anchois, ou bien sardine,
Avant
D'avoir, avec quelle ferveur on le devine,
Consulté sur le fait du jour l'opinion
De Monsieur Edouard Drumont.

— Les Durand, ennemis de la haute finance,
Etaient de ces sages qui pensent
Qu'aux Français doit être la France,
Qu'il faut réprimer les abus,
Et que c'est justement qu'on condamna Dreyfus ; —
(Vous le pensez aussi, je pense,
Et je le pense, moi aussi,
Mais sachez que, pour ce récit,
Aucun de ces détails n'a la moindre importance.)

Depuis ces dernières semaines,
C'était surtout la guerre américaine,
Américaine-hispano,
Qu'ils dévoraient dans les journaux ;

LES HORREURS DE LA GUERRE

Monsieur Durand lisait tout haut,
Et sa femme pleurait Carmen,
Le Cid, et les fiers hidalgos,
Et les taureaux qu'elle appelait toros :
Puis, sur la puissance de l'or,
Et sur la raison du plus fort,
Son mari émettait quelque aperçu nouveau.

Surtout pour expliquer les pratiques navales,
Monsieur Durand n'avait pas son égal :

— Suppose que voici l'escadre de Dewey,
Et suis bien ce que j'aurais fait... —

Emporté par ses théories sur les corsaires,
Ainsi notre bouillant Durand
Du déjeûner ne se souciait guère,
Bien que l'on eût servi, depuis un bon moment,
Un homard dont, à l'ordinaire,
Il se montrait des plus friands ;

— L'abordage serait une entreprise folle,
Mais si l'Américain attaque l'Espagnol... —

— Voyons, dit madame Durand, voyons, mon Paul,
— (Monsieur Durand s'appelait Paul) —
Tu reprendras cela plus tard :
En cet instant, attaquons le homard... —
Mais, phénomène au moins bizarre,
Quand on le veut saisir, le crustacé n'est plus
Ni sur la table, ni sous la table non plus ;
Pourtant il est bien quelque part !
(Un homard n'est jamais perdu...)

En cherchant bien, on s'aperçut
Qu'étant allé à la fenêtre,
Guidé par le hasard ou guidé par la haine,
Ou par l'un et l'autre peut-être, —
Le homard à l'américaine,
Entre ses pinces, cherchait à tordre l'espagnolette.

LE NÈGRE PRUDENT

Le nègre, tout en convenant que cela le privait,
Me dit qu'il ne mettait jamais de sucre dans son café.

Et je songeai : — Pudeur exquise,
Adorable candeur des peuples primitifs !
Pourquoi, pourquoi faut-il que l'on vous civilise ?
De ton refus, ami, je comprends le motif :

T'offrir du sucre : à quoi pensais-je !
Manger du sucre, sacrilège !
Pour toi le fils de ces pays lointains
Où la forêt est le Potin,
Qui fournit le sucre luxuriant, le sucre vierge !

Pour toi, le sucre évoque la patrie,
Le sucre évoque le passé,
Comme un décor de *Paul et Virginie*,
(L'opéra-comique du regretté Victor Massé.)

Ah ! le soir au milieu des cannes,
Manger de l'homme, scalper des crânes,
En fredonnant gaîment de vieux refrains guerriers !
Ah ! le soir au milieu des cannes...

Ah ! le soir au milieu des cannes,
Mordre dans la même banane,
Danser des bamboulas sous les grands cocotiers !
Ah ! le soir au milieu des cannes...

Cependant, il ne faut rien exagérer :

— Bon nègre, dis-je, je comprends ton scrupule,
Et suis loin de trouver cela si ridicule ;
Mais je ne voudrais pas te laisser ignorer
Ce que tous les épiciers savent :

Le sucre, fort souvent, est fait de betteraves,

Et tu peux manger celui-ci,
(Faisais-je, en l'affirmant, de la casuistique?)
Sans attenter à la canne de ton pays.

Le bon nègre me répondit :

— Tu ne sais donc pas que je suis diabétique?

LA COMPLAINTE DES DAMES ASSISES

— Papa, papa, que vous en semble,
Les caissières ont-elles des jambes ?

Immobiles du matin au soir,
Nul jamais les a-t-il pu voir,
Les caissières,
Autrement que sur leur derrière,
Assises derrière
Le comptoir ?

Certes, nous savons leur visage,
Et les trésors de leur corsage,
Mais nous n'en voyons pas davantage,

Et peut-être que c'est dommage !

Tout autour, des gens vont et viennent,
Qui entrent, et s'installent, et prennent
Des boissons américaines,
De la bière, et des œufs durs,
Ou quelque autre nourriture ;

Cependant, impassiblement,

Au dedans des porte-allumettes,
Elles mettent des allumettes,
Et rangent méthodiquement
Les petits morceaux de sucre,
Tout en computant le lucre
De l'établissement.

De jeunes hommes, vêtus d'un smoking,
Leur obéissent, sur un signe,
Quand le client pressé s'indigne ;

Il leur suffit d'un coup de timbre,
Pour nous faire apporter un timbre ;

Elles ont des sourires de sphinx,
Pour prendre soixante-quinze sur cinq...

Mais on peut crier auprès d'elles :
Grands problèmes ou bagatelles,
Et sensationnelles nouvelles,
Pas de danger qu'elles s'en mêlent !..

Notre savante passe à trèfle
Leur importe comme une nèfle,
Et c'est pitié ce qu'elles se fichent,
Que nous perdions de quatre fiches...

Jamais un mot, jamais un geste,
Les caissières ne bougent pas,
Les caissières ne parlent pas :
Prennent-elles même des repas,
Et le reste ?

Les caissières ont-elles des jambes ?
Les caissières ont-elles une langue :
Papa, papa, que vous en semble ?

En vain le vieil habitué
Leur dit bonjour, lorsqu'il passait
Pour aller aux water-closet,
Et s'informa de leur santé :
A peine ont-elles remué...

Ne répondrez-vous, ô caissières ?
Pourquoi, pourquoi toujours vous taire,
Pourquoi toujours cet air sévère ?
Est-ce parce que nous ne vous avons pas demandé
Si la fumée du tabac vous incommodait ?

Quoi, jamais de douces pensées ?
Etes-vous pas les fiancées
D'un bookmaker, gérant d'un bar,
Ou d'un brave sous-officier de Madagascar ?

Caissières, imprudentes filles,
Vous ne voyez pas les aiguilles
Du cadran, tourner au-dessus
De vos têtes, têtes trop peu folles,
Et le temps qui passe et s'envole,

LA COMPLAINTE DES DAMES ASSISES

Le beau temps qui ne revient plus,
Temps de danser sous les charmilles,
Au lieu de rester immobiles
Sur votre chaise, à cette caisse,
Où se dessèche votre jeunesse,...

(Sur votre chaise,
A cette caisse,
Où se dessèche
Votre jeunesse...)

Mais les caissières sont peut-être
Des dames cul-de-jatte, et muettes.

CE QUE L'ON ENTENDAIT LE SOIR
DANS LES RUES DE GÊNES

Dans les petites ruelles infectes de Gênes,
Nous fréquentions assidûment des dirai-je — bouges,
Où d'aimables femmes, luxueusement vêtues de rouge,
Se livraient à des démonstrations nettement obscènes,

(Ce qui constitue un détail curieux de mœurs indigènes.)

Est-ce à dire que nos instincts fussent mauvais ?
Non, mais, du port ces ruelles étant voisines,
Nous nourrissions l'espoir, d'ailleurs légitime,
D'y rencontrer des représentants de notre marine,
Avec lesquels nous pussions nous féliciter d'être français,
Et avoir un souvenir ému pour l'amiral Gervais.

Et le soir, le long des palais de marbre des marquises,
Nous allions, fredonnant ces paroles exquises :

> « Madeleine, Madeleine,
> Ne t'en va pas de Gênes :
> Tu ferais de la peine
> A ton petit Eugène,
> Ne t'en va pas de Gênes,
> Mais restons homogènes,
> Madeleine... »

Nous fîmes et dîmes encor bien d'autres choses spirituelles,
Malheureusement, c'est à peu près tout ce que je me rappelle.

LES TORTUES

Il est une nouvelle mode,
Je la proclame, pour ma part,
Singulière, et bien incommode,
— N'est-ce pas votre avis, comtesse de Tramar ? —
Mais, que voulez-vous, c'est la mode !
Donc, à Paris, nos élégantes,
Un tantinet extravagantes,
A leur corsage ou leur ceinture accrochent,
Comme agrafes, ou comme broches,
De petites tortues vivantes.

— Quoi ! dites-vous, quoi, des tortues ? — Oui-dà !
Et pas des tortues de théâtre ;
De vraies tortues, et qui folâtrent
Sur les épaules et sur les seins d'albâtre :

Être tortue, en pareil cas,
Plairait fort à plus d'un bellâtre !

Or, dans un magasin, non loin de l'Opéra,
Magasin où des gens se livrent au négoce,
Dont s'enrichissait Monsieur Josse,
(Seul un crasse ignorant ne reconnaîtrait pas
A ces mots, qu'il s'agit d'une bijouterie,)
Des tortues, à tout petits pas,
Se promenaient, le dos chargé de pierreries,
Échangeant de menus propos :

— Ma chère, parmi les joyaux,
Qui vous plaît le mieux ? — Oh ! moi, j'aime
Par-dessus tout, l'éclat des gemmes ! —
— C'est comme moi, j'adore les rubis ! —
Et moi le lapis-lazuli ! —
— J'ai un faible pour les topazes...
— Les turquoises, vraiment, sont d'un bien joli bleu :
Voyez celle, plutôt, qu'on a mise au milieu, —
Dit une autre tortue qui zézayait un peu, —
Au milieu de ma carapaze !... —

Ainsi les tortues trompaient l'heure,

En attendant les acheteurs.

Une dame, de grande mine,
S'est arrêtée, et regarde par la vitrine :
Elle a le visage enfoui
A demi
Dans un collet de zibeline.
Elle entre, — et les commis s'empressent ;
Elle, avec beaucoup de noblesse :
— J'avais, dit-elle, une envie folle
De voir de près ces bestioles !... —
— Comment donc, Madame, voyez !...
Lui répond le joaillier
Avec beaucoup de courtoisie.

La dame admire et s'extasie ;
— Vraiment, surtout ceci m'étonne
De voir comme elles sont tranquilles, ces mignonnes ! —
(Il est de notoriété
Que les tortues n'ont pas le pas précipité.)

Ayant alors son collet écarté,

A cause de la chaleur du calorifère,
La dame incline au-dessus
Des tortues
Son visage ainsi découvert :

Mais elles, en voyant la dame,
S'exclament :
— Encore un match ? Eh bien ! nous acceptons !
Trêve aux conversations,
Trêve !
Allons, tortues, que les leçons
De l'expérience nous servent :
Donnez-nous le signal, orfèvre !
Il faut partir à temps, pas de retard : partons ! —

La dame avait un bec-de-lièvre.

HEUREUSE RENCONTRE
D'UN CHAPEAU CHINOIS

Un pauvre chapeau chinois
Était tout seul, le soir de Noël, au coin d'un bois ;
Par suite de quelle aventure,
Ou mieux de quelle mésaventure,
Se trouvait-il dans cette conjoncture ?
Vous ne le savez pas, je crois, —
Ni moi ;
Mais, ce qui est certain, c'est qu'il avait si froid,
Vu le notable abaissement de la température,
Il avait si froid, ce pauvre chapeau chinois,
Que, comme oiseaux pris dans les reginglettes,
Il faisait trembler ses clochettes.

Derlindindin ! — Tiens, qu'est cela ? —
Dit le petit Jésus qui, fidèle à l'usage,
S'en allait mettre des bonbons au chocolat
Dans les souliers des enfants sages,
Et justement passait par là ;
— Derlindindin ! — C'est le Bon Dieu qu'on porte
A quelque pauvre vieille dame à demi morte,
Ou bien au châtelain de l'antique manoir :
Il faut aller voir et savoir.

Et voici Jésus qui s'approche,
Et, sur le bord du chemin noir,
— Drin, drin, drin, — faisaient toujours les petites cloches ;
Mais pas de croix, pas d'ostensoir,
Pas de bon curé sur sa mule ;
Jésus pensait : — C'est ridicule,
Voyons, je ne l'ai pas rêvé...
— Drinn, drinn... — On sonne, il approche, il recule,
Il brûle, il brûle,
Il a trouvé !

— Comment, c'est ici que tu loges ?

HEUREUSE RENCONTRE D'UN CHAPEAU CHINOIS

Vraiment, dit-il, au coin d'un bois,
Le gîte est singulier pour un chapeau chinois ;
Mais ne crains pas qu'on t'interroge...
Va, je devine, encor quelque intrigue sous roche ;
Sans doute un amour éconduit
Pour quelque actrice de ces spectacles profanes,
Où, sans pudeur, tu accompagnes
La musique de monsieur Ganne :
Et vois un peu où cela t'a conduit !
Si du moins j'avais ta promesse
De renoncer à ces faiblesses,
J'assurerais une retraite à tes vieux jours, —
Puisque Noël, aussi bien, c'est ma fête !...

Refuser un tel secours
Eût été impoli et bête ;
Notre chapeau chinois s'en remit là-dessus
Au bon vouloir du bon Jésus ;

Et, depuis ce temps-là, surmontant la calotte
D'un petit enfant de chœur,
A l'église voisine, il sonne avec ferveur,

Pour faire, le jour du Seigneur,
S'asseoir et se lever, selon le rite, les dévotes...

C'est ainsi que le choix d'une position
Dépend, le plus souvent, de nos relations.

NOSTALGIE DE BILLARD

Vert comme tes yeux, ô mon amie, vert comme les herbes,
Le triste billard prononce ces paroles acerbes :

— Oh ! j'ai le dégoût d'être vert :
Ce vert m'écœure et m'exaspère ;
Je voudrais être violet,
Violet comme les violettes...

Je voudrais encore être bleu,
Bleu, ou même rose... enfin n'importe :
Ce que je voudrais, voyez-vous, c'est changer un peu :
Ce doit être si amusant de suivre la mode.

Mais garder toujours la même livrée,
N'avoir rien qu'une robe, comme une pauvresse...
Et, sous ce vilain habit vert, dont on m'affuble,
Si vous saviez combien j'ai conscience d'être ridicule !...

On me dit que les Messieurs de l'Académie,
Et que les Messieurs des Eaux et Forêts,
Portent aussi un habit vert : c'est peut-être vrai,
Mais ils ne le mettent que dans les cérémonies,

Et moi, je ne me déshabille jamais.

Les bois, les prés (j'ai consulté des agronomes),
Verts au printemps, jaunissent à l'automne :
Eté, printemps, automne, hiver,
Je reste éternellement vert...

Ah ! qui écoutera ma plainte,
Ah ! qui (ah ! qui ?) me fera teindre,
Pour que je puisse enfin me promener sur les boulevards,

Sans qu'on me remarque ?...

LA SERVANTE INNOCENTE

Comme elle apportait le dessert,
La petite bonne rougeaude,
Et rustaude,
Dut déclarer toute penaude :
— La chose qu'on met sur le fromage, la chose en verre,
Est cassée... Ce n'est pas ma faute !... —
Sa maîtresse, d'un ton pointu,
Riposta : — Ce n'est pas la mienne non plus ;
C'est bon, achetez-en une autre. —

Si là s'était terminé l'incident,
Je l'aurais, comme vous, jugé peu important.

Mais voici qu'avant le dîner
La servante tout affolée,

Vient annoncer : — La cloche, elle est encor fêlée .. —
　　　La dame dit : — Vous badinez !...
La cloche, la cloche neuve, cassée encore ?...
　　　Ah ! ma fille, c'est un peu fort !
　　　Vous ne l'avez pas fait exprès ?...
　　　Non, mais, vraiment, je le voudrais,
　　　Il n'aurait manqué que cela !...
　　　Il suffit, et ne mentez pas ;
　　　Mais prenez garde à la troisième !..

　　　Huit heures arrivent, — l'on dîne ; —
　　　C'est le dessert : — Eh ! bien, Justine ?...
　　　Le fromage ?.. — (Elle devient blême :) —
— Cette cloche fêlée ?... Alors quoi... c'est la même ?
L'argent pour acheter une nouvelle cloche,
　　　Vous l'avez mis dans votre poche ? —
— Non, madame... c'est la troisième qui s'est cassée...
　　　—Ah ! cette fois, j'en ai assez :
　　　Je comprends qu'on soit maladroit :
　　　Une maladresse, deux, — soit !
　　　　Mais trois...
　　　C'est trop pour une femme seule!

LA SERVANTE INNOCENTE

Cette cloche, n'est-ce pas, s'est cassée toute seule ?
Oui ? Eh bien, quand cela serait, ça m'est égal :
    Vous pouvez faire votre malle ! —

    L'infortunée Justine se lamente ;
    Elle songe avec épouvante
    Qu'il va falloir retourner sans argent
Au village, là-bas, là-bas, où ses parents,
(Sa mère aveugle et son père paralytique),
    Vivaient de ses gages modiques...
    Va, pauvre fille ! Allons, courage !...

    Or, sur la table, le fromage,
    C'était un fromage de Hollande,
    Dit tout à coup : — Je demande,
Je demande la parole pour un fait personnel.
    — Lequel ?
Dit la maîtresse de maison, un peu surprise.
— Voici : Il ne faut pas que cette enfant pâtisse
    De fautes qu'elles n'a point commises ;
    La chasser est une injustice,
    Car les trois cloches, eh bien ! c'est moi

Qui les ai cassées toutes trois!
Quand j'étais seul à la cuisine,
Je sautais, je sautais en l'air,
En frappant ma cloche de verre :

Car je voulais, on le devine,
Et personne, bien sûr, ne m'en fera reproche,
Je voulais que tintât la cloche,

Pour fêter la venue de notre reine Wilhelmine.

LE BAROMÈTRE

La dame qui n'avait pas de cheveux
N'était, qui sait ? brune ou châtaine, blonde ou noire :
Son crâne poli comme l'acier, comme l'ivoire,
Présentait au soleil des reflets curieux.

Ah ! si elle s'était montrée dans une baraque,
Certes, je sais bien des Messieurs,
Peut-être même des monarques,
Qui auraient donné deux sous pour venir la voir,
(Et quand je dis deux sous, je pourrais dire mieux ;)

Mais elle ne se montrait pas à la foire,
La dame qui n'avait pas de cheveux :
Elle n'avait pas de cheveux, et puis voilà,
— Et elle n'en était pas plus fière pour ça.
La dame qui n'avait pas de cheveux
Aurait pu évidemment s'acheter une perruque ;
Mais elle considéra toujours les faux cheveux comme du luxe :
Elle avait des goûts simples et peu dispendieux.

Au bord de la vague écumante,
(Sur le rivage de Sorrente,
Probablement,)
— Ai-je dit qu'elle avait un pêcheur pour amant ? —
Je vis un jour la dame qui n'avait pas de cheveux,
Avec des larmes plein les yeux ;

Et comme je lui en faisais la remarque,

— Mon amant, ce matin, est parti dans sa barque,
Me dit-elle, ô pâle étranger ;
Et voici que le temps semble se déranger,
Il y a de la perturbation dans l'atmosphère ;
Vois là-bas, le gros nuage, oh ! vois !...

Je tremble, je ne sais pourquoi ;
Sainte Madone ! quel temps va-t-il donc faire ?...

Et je pleure parce que je n'ai pas de cheveux sur moi
Pour confectionner un petit baromètre capillaire. —

DIGESTIONS

Dames qui revenez des W.-C. (avec toilette,
Comme il convient d'un restaurant qui se respecte ;)
Que j'aime votre sérénité satisfaite !

D'un regard limpide et loyal,
Vous voyez les gens de la salle,
Fébriles, achever leur repas, —
Cependant qu'à la chère petite et confortable
Table,
Vous attend votre commensal,
A la petite table intime, où le moka,
Et les cigares dits Conchas,
Mêlent leurs parfums délicats...

Huîtres et gibier des bourriches,
Les meilleurs vins des meilleurs crus,
Menus, menus, ah ! chers menus,
Tout cela, qu'est-ce devenu :

Et puis en serons-nous plus riches ?

Et c'est une pitié que tous ces gens qui mangent,
Qui mangent *comme s'ils ne savaient pas;*
(Mais après tout, ne faut-il pas
Faire la bête avant de faire l'ange ?
Ce qui se dérange s'arrange,
— On se souvient, puis on oublie,
Bah !

Bah ! mangez toujours, c'est la vie!) —

Pensées légères et profondes,
Tout en revenant de là-bas,
Le teint rosé d'un doux éclat,
Ainsi votre esprit vagabonde,

Et votre front s'éclaire à ces philosophies.

Pour nous, déesses aux yeux d'azur,
Cet instant, las! trop court, vos beautés s'humanisent,
Et nous songeons, rimeur obscur,
A des imperfections exquises.

Pourtant, de cette solitude,
Pourtant des pensers soucieux,
Chère, eussent pu troubler la douce quiétude :

Ne songeâtes-vous pas qu'en de semblables lieux
Eurent lieu,
Pour ces amours où votre cœur s'applique,
Pour de telles amours des dénoûments tragiques ?

C'est ici, horreur! c'est ici,
C'est en de semblables abîmes,
Que d'ingénieux Pranzini
Cachent les bijoux des victimes !
Voix clamant hors des fosses basses,
C'est ici, horreur! c'est ici
Qu'on plonge les coupables fruits
D'un amour dont il faut dissimuler les traces,

Voix des enfants mort-nés qui pleurent dans la nuit !...

Et vous souriez cependant,
Dédaigneuse aussi des angoisses,
Que dit en ces endroits la réclame narquoise
D'un spécifique inquiétant :

Car, loin de ces soucis impurs,
Vous avez, l'âme calme et fière,
Vous avez nettement affirmé sur le mur,
En quelque mots d'un style lapidaire,
Votre admiration pour les hommes de guerre : —

Et j'aime et je comprends votre sérénité satisfaite,
Dames qui revenez des W.-C. (avec toilette) —

SIMPLE RÉCIT

Ce jeune homme appartenait à une famille pauvre,
C'était un jeune homme pauvre, comme dit Octave Feuillet ;
Mais il était toujours richement habillé,
Et portait des caleçons mauves ;

Bien que son père fût un simple colleur d'affiches,
Et sa mère blanchisseuse, peut-être, dans la banlieue,
Cela ne l'empêchait pas de jouer à des jeux
De hasard, et au whist à vingt sous la fiche ;

Il ne fumait que des cigares de la Havane,
Ce que nous appellerions des cigares de luxe :
Il les prenait dans un étui de cuir russe,
Négligemment, pour en offrir à des tziganes ;

Ses doigts étaient entièrement couverts de bagues,
Il en avait, pour le moins, trente-quatre ;
Et, si je vous dépeignais ses épingles de cravate,
Certainement vous croiriez que je blague ;

Il aurait pu vivre ainsi longtemps, exempt de blâme,
Et peut-être épouser la fille d'un prince, —
Quand on le surprit une nuit égorgeant une vieille dame,
Pour s'emparer d'une somme de onze francs quatre-vingt-cinq ; —

(*Sans doute ne supposait-il pas la somme aussi mince.*)

CHEZ LA MODISTE

Pour tant d'amour, folle maîtresse,
Pour tant d'amour et de caresses,
Vous m'avez demandé le pratique cadeau
D'un chapeau :
Et je suis allé aussitôt
Chez des dames qui en font commerce.

C'était le temps des modes printanières ;
(Oh ! le temps
Du printemps,
Les beaux jours
De l'amour,
Douce brise
Qui nous grise,

Voici le temps du printemps!...)
C'était le temps des modes printanières. —

En ai-je alors vu des chapeaux,
Autant, encore, et tant, et trop,

Des chapeaux de toutes les manières ;
C'était le temps des modes printanières.

Et les chapeaux, aux devantures,
Et les chapeaux avaient germé :
Mois de mars, mois d'avril, réveil de la nature, —
Avril, — mai. —

Et l'on m'a montré, sur leurs tiges,
Les longues tiges de bois laqué,
Des fleurs, — que dis-je ? —
Des bouquets,
Bouquets si frais et si coquets,
Que rien que d'y songer encore mon cœur saigne :
Oh ! tout le printemps moissonné,
Barbares, pour confectionner
Des cache-peignes !...

Et l'on m'a montré d'autres tiges,

Où des oiseaux, des papillons,

— Gais pinsons

De nos buissons,

Colibris

Des lointains pays,

Loti, Loti, —

Parmi la brocatelle et le velours voltigent;

(Ce n'est pas par désœuvrement

Qu'ils viennent là, probablement:

Et je pense qu'on les y oblige...)

La dame des chapeaux sollicitait mon choix:

— Que me proposez-vous?... ah! quoi!... —

Hésitai-je;

—Laissons les fleurs aux champs, les oiseaux dans les bois;

En faire des chapeaux, — sacrilège!

Ma belle, sachez-le, n'en aurait point le cœur,

Car elle est à la fois et l'oiseau et la fleur!.. —

Et comme la modiste

Insiste,

Et semble m'accuser, âme sans poésie,
D'une sournoise parcimonie :

— Au moins, n'avez-vous pas quelque coiffure faite,
Sans un meurtre cruel ou d'atroces moissons,
Une coiffure faite de poissons,
Qui sont
De race comestible et muette ?
J'aimerais pour ma belle, en un satin broché
Une carpe, ou même un brochet,
Un simple goujon, une ablette... —

Mais la modiste, d'un air pincé,
M'a dit : — Monsieur, vous pourrez repasse ,
Je regrette :

Depuis le quinze avril, la pêche n'est plus ouverte.

DISCOURS D'OUVERTURE

POUR L'INAUGURATION DU THÉATRE DES PANTINS

Vous êtes à Montmartre, et non pas à Pantin,
Et cependant c'est le théâtre des Pantins.

Donc, nous vous prévenons, abonnés deshonnêtes,
Que nos actrices étant d'honnêtes
Marionnettes,
Leur faire les yeux doux est au moins superflu :
Elles n'ont ni chair, ni os,
— Ni chair, nichons — et ne sauraient faire la noce :
Il n'y a rien sous leur tutu,
— Vertu, vertu ! —

Pour vous, Mesdames, s'il vous plaît
De vous montrer, avec vos voisins, immorales,
Nous allons tout à l'heure éteindre dans la salle,
— C'est exprès :

Car, il faut toujours être galant, étant français. —

Quant au spectacle qui s'apprête,
On vous l'a dit : Marionnettes,
Pantins de bois, soldats de plomb ;
Et vous savez, dès votre enfance,
Que les Marionnettes font
Trois petits tours, — et puis s'en vont :
Trois ou quatre, nous ne regardons pas à la dépense,
Et d'ailleurs, cela n'a pas la moindre importance,
Car ce n'est pas pour voir le spectacle, je pense,
Que vous êtes venus, Messieurs — Ni moi non plus.

En général, quand on quitte le coin de l'âtre
Pour s'en aller le soir s'asseoir dans un théâtre,
C'est parce qu'on n'avait pas envie de dormir, —
Mais ça pourrait venir.

Donc vous êtes venus, vous allez digérer,
Selon le rite sain du critique français
Qu'on nomme Francisque Sarcey,
Tranquillement, puis vous allez vous en aller ;

Après quoi, s'il vous faut le reste,
C'est l'affaire de vos maîtresses,
Mais il n'y a que vous que cela intéresse —

En tout cas, nous devons vous dire à tous merci,
De vous être, plutôt qu'ailleurs, assis ici.
De nous donner la préférence,
Vous aviez vos raisons, selon quelque apparence ;
Je ferai là-dessus quatre ou cinq traits d'esprit,
Que vous m'obligeriez à trouver pleins d'esprit,
Et puis j'aurai fini.

Premier trait d'esprit.

Guignol, spectacle de l'enfance :
Les vieux princes de la finance,

Et les bons sénateurs aussi,
Pourront venir, sans défiance,
Amenés par leurs petits-fils :
Guignol, spectacle de l'enfance.

Deuxième trait d'esprit.

Marionnettes pour les fillettes :
Quelle fête leur sera faite
A celles qui savent encor
Dire : Le petit chat est mort, —
A la mignonne Reichemberg,
Et à Madame de Mérode mère :
Marionnettes pour les fillettes.

Troisième trait d'esprit.

Pantins, école des prophètes,
Des ministres, — et des catins :
Fil à la patte ou à la tête,
Regardez-les bien nos pantins ;
Il suffit d'une main habile,
Qui tienne et dirige le fil,

Pour qu'ils filent, et qu'ils défilent,
Et qu'ils refilent, et s'enfilent :
Et tous ici comme eux vous êtes,
Fil à la patte ou à la tête, —
Pantins, école des prophètes

Dernier trait d'esprit.

Mesdames et Messieurs, en vous disant bonsoir,
Laissez-moi devant vous formuler un espoir :
Puisse notre guignol mettre dans vos cervelles
Le souvenir obsédant de Polichinelle,
Et, pour régénérer notre France immortelle,
O Polichinelles! ce soir
Répondez tous à notre appel,
Polichinelles :

Dans les tiroirs ! dans les tiroirs !

LES HUITRES, LA PETITE DAME ET LE GIGOLO

Avecque Ninette, un tendron,
Un gigolo, d'apparence fort triste,
— Jeune et si grave, était-il donc
L'attaché de quelque ministre ?
Mais non :
Chacun sait qu'aujourd'hui les jeunes gigolos
Sont tous beaucoup moins rigolos
Que ne sont les matelots. —

Donc le gigolo et Ninette
Venaient au restaurant pour faire la dînette,
Autrement dit, souper en tête-à-tête.
Ils demandent à l'hôtelier

Un cabinet particulier.
Aussitôt en particulier,
La petite de s'écrier :
Chouette !
Ohé ! ohé ! allez la fête,
N'est-ce pas, mon vieux gigolo ? —

— Heu ! — lui répond le gigolo.

— Et puis, voyons, qu'est-ce qu'on mange ?
Ajoute l'enfant aux yeux d'ange :
Ma faim, je l'avoue est étrange,
Et ne saurait se contenter de peaux,
Ni même de pépins d'orange ;
Du perdreau ? un peu de perdreau :
Qu'en penses-tu mon gigolo ? —

— Heu ! — lui répond le gigolo.

— Oui, mais d'abord, il faut des huîtres !
Hé ! garçon, apportez-en vite !
Filez, et revenez avec... —
(Et le garçon, discret, se précipite.)

— Seuls tous les deux, un bécot sur le bec
         De la Totote à son Toto !...
Un bécot, deux bécots, trois bécots, gigolo !... —

         — Heu ! — dit toujours le gigolo.

         Tant et si bien qu'à la fin la petite
                  S'irrite
         De la froideur du gigolo :
         (— Heu ! — dit toujours le gigolo...)

         Ninette remet son chapeau,
         — Ai-je pas dit qu'elle l'avait ôté ? —
                  (Et son corset),
Et, prononçant des mots sans affabilité,
         Part en faisant claquer la porte.
         C'est le moment où le garçon apporte
         Les huîtres — mais, comprenant aussitôt
                  Qu'il arrive mal à propos,
         (En pareil cas, le mieux est que l'on sorte),
         Il sort, — laissant bien vite son plateau
         En tête-à-tête avec le gigolo :

— Heu ! — dit toujours le gigolo.

Soudain, auprès de notre homme résonne
Un grand éclat de rire ; il est seul, il s'étonne,
    Il cherche autour de lui : — personne :
      — Pardieu ! je la trouve mauvaise,
    Et je voudrais bien savoir qui
          Rit?
Ce n'est pas moi, pourtant : car je ne ris jamais !
      Je me demande qui, et qu'est-ce ?...
Le pauvre gigolo se perd en hypothèses...

         Mais,
    (Tant est vrai que les Portugais
    En toute occasion sont gais),
    C'étaient les huîtres qui riaient :
    — Étant des huîtres portugaises.

HISTOIRES DE FAMILLE

Je demandai très poliment au géant belge
Si je pouvais voir la jeune personne en question ;
Le géant belge me répondit que non,
Qu'elle prenait son bain, son bain de siège.

— « C'est bien désagréable, dis-je au géant belge,
C'est bien désagréable qu'elle se baigne !
Mais, si j'insistais pour la voir,
Pensez-vous pas qu'elle consentirait à me recevoir ? »

— « Je ne dis pas qu'elle n'en serait aise,
Reprit le géant, si vous insistiez :
Mais alors, vous, qu'est-ce que vous diriez
(Dans cette hypothèse)
Si je vous flanquais ma main par la figure ? »

Il accompagnait ces mots d'un rauque murmure,
Et comme il était de stature
A me donner tablature :

— « Je m'en irais fort volontiers,
Répondis-je, la chose est sûre :
Mais vous, mon cher Monsieur, voyons, que diriez-vous
Si je vous offrais une petite pièce de cent sous ? »

C'est à ce moment qu'intervint la jeune personne,
Qui me dit : — « Vous n'êtes pas fou
De discuter avec cet ivrogne ?... »

Elle m'expliqua alors que c'était son père ;
Et, pour ne pas laisser refroidir l'entretien,
Elle me raconta comme jadis le mien
Pour elle eut, paraît-il, des bontés singulières ;
Et elle ajouta, en manière
De conclusion :
— « Tu vois que j'ai tout de même de jolies relations. »

LES BRETELLES

C'est sur le dos des ironistes
Humoristes,
Que votre sort est le moins drôle,
O Bretelles, dont l'élastique
Se fatigue
Aux perpétuels haussements d'épaules,
Accompagnant leurs remarques caustiques :
C'est sur le dos des humoristes,
(J'insiste)
Que vous vieillissez le plus vite.

Ah ! plus heureuses, plus heureuses cent fois,
Les bretelles des honnêtes bourgeois,
Qui ingénument s'enorgueillissent

De votre tapisserie à petites croix,
A petits pois,
A triangles, ou à fleurs de lis.

Ceux-là, les beaux dimanches, quand
La semaine a été bonne,
A la campagne ils vous emmènent, déboutonnant
Le gilet où se balance,
Symbole de la modeste aisance,
La chaîne d'or de leur montre en argent :
Bénévoles, ils déboutonnent
Le gilet qui vous emprisonne,

Et vous pouvez respirer l'air des champs.

— Tonneau, tonneau de la famille !
(Mille ! —
C'est encore Monsieur Emile,
Camille !...)
Libres, vous les voyez, bretelles,
Ces belles parties de tonneau,
Joyeux tonneau sous la tonnelle,

(Enfants, ne prenez pas trop chaud!...)
Avec les Veau, les Godiveau,
Et leurs demoiselles...
Ou bien dans la coquette auberge, c'est le billard,
Jeu d'adresse, et non de hasard :
— Voici un petit quatre-bandes,
Monsieur, que je vous recommande!... —
C'est le noble jeu du billard,
Bretelles, que l'on offre à vos libres regards.

Pourtant j'en sais, parmi vos sœurs,
Qui, d'une telle vie, ignorent les douceurs,
Et qui, plus raffinées, préfèrent
Passer des jours entiers, aveugles et sans air,
Aimant les gentlemen dont c'est le chic anglais
De ne déboutonner jamais
Leur gilet ;
Car elles vivent dans l'espoir
Des compensations du soir,
Quand de leur maître, amant d'une princesse russe,
Le pantalon se mêle aux jupes,
Et, dans le fouillis du boudoir,

Quand elles culbutent et trébuchen
Parmi les Malines, les Bruges,
Et autres menues fanfreluches...

Mais toutes, bretelles de luxe,
Ou bretelles beaucoup plus simples,
(Fût-ce
A un franc quatre-vingt-quinze,)
Toutes considérez comme suprême injure
Le ridicule emploi de la ceinture ;

La ceinture : est-il pas un antique dicton
Pour affirmer que bonne renommée
Vaut mieux que ceinture, — mais non,
(Cela n'atteint en rien votre réputation,)
Mais non que bretelles dorées...

Et ceux qui vous connaissent savent,
Et depuis longtemps j'ai compris,
O Bretelles, votre mépris,

Pour les charpentiers, pour les prêtres et pour les zouaves.

UN CAPRICE

Il n'est pire contagion
Que celle de coquetterie :
Un ruban, un brimborion,
La moindre passementerie,
Nous semblent d'autant plus désirables et beaux
Qu'on les voit sur une autre tête ou d'autres dos.

Une dame colimaçonne...
— A dire le vrai, je soupçonne
Ce mot de n'être point français ;
Mais, après tout, si je disais
Non colimaçonne : escargote,
Me trouverais-je moins en faute ?

D'ailleurs, ça ne gêne personne. —
Une dame colimaçonne,
Ou plus exactement limaçonne tout court,
Etait jolie comme un amour ;
Elle le savait, la traîtresse,
Car son caprice avait semé, par les gazons,
Dans le cœur des colimaçons,
Bien des désespoirs fous ou de folles ivresses ;

Elle avait inspiré des passions sans bornes,
Et l'on contait, sous le manteau,
Les folies que des escargots
Avaient faites, rien que pour lui voir tirer les cornes..

Un beau jour, qu'avec sa cour de joyeux amants,
La belle se promenait sur la route,
Vint à passer une voiture de déménagement ;
Lecteurs et lectrices, sans doute,
Vous savez, insister serait vous faire injure,
Vous savez qu'avec ces voitures,
Limaçons et colimaçons,

Qui, d'une analogue manière,
Ont sur le dos une maison,
Toujours un peu se cousinèrent ;

— Hé ! bonjour, petite cousine !...
Dit le véhicule, guilleret ;
— Petite !... petite !... c'est vrai,
Répond la limaçonne, croyant qu'on la taquine :
Vous êtes plus forte, mais j'ai
La taille mieux prise et plus fine !

— Je ne le disais pas pour vous désobliger,
Riposte l'autre qui se pique ;
Mais puisque vous raillez ma taille,
Avant de vous livrer à de sottes critiques,
Regardez bien certain détail,
Qui vous manque, ma chère, et n'appartient qu'à moi !...—
Et, cela dit d'un ton narquois,
La voiture repart, — hop ! le cocher qui fouaille !... —
Au pas majestueux de ses mecklembourgeois...

Notre limaçonne s'indigne,
Trépigne,

Querelle ses amants et leur tourne le dos :
  Il lui faut sur l'heure, il lui faut
  Ce dont la nargua sa cousine !...
Alors un de ses amoureux, un pauvre peintre,
  Dont tant de fois, maintes et maintes,
  Elle avait repoussé la plainte,
S'approche à son oreille, et murmure deux mots...

  Le soir même, sous la charmille,
Aux yeux jaloux de la foule étonnée,
  Pour le pauvre peintre escargot,
  La belle alluma le flambeau
   De l'hyménée :
Car, grâce au fier talent de cet artiste habile,
Tout comme sa rivale, elle portait inscrit,
   Elle aussi,
En caractères onciaux, sur sa coquille,
Elle portait inscrit : JE SUIS CAPITONNÉE.

PLAT DE SAISON

Ah ! fi, fi des amours séniles,
Séniles et sûrement mercenaires !...
Songer que l'exquise Lucile,
— Voilà de tes coups, ô misère ! —
Dînait en tête à tête avec ce vieux barbon,
Quelque israélite baron,
Amant peut-être, en 1856, de sa grand'mère !...

Côte à côte sur le divan,
Témoin silencieux des luxures infâmes,
L'odieux vieillard à l'enfant
S'efforçait de peindre sa flamme ;
Dois-je ajouter que, cependant,
Mais, au reste, pourquoi le taire,
Tout naturellement Voltaire,
Pendant ce temps, dormait content ;

D'ailleurs Voltaire, il faut aussi le dire,
N'était pas le seul à dormir,
Et, sans vouloir sur ces détails m'appesantir,
Vous saurez qu'au potage bisque,
Lucile ne courait aucun risque,
Et que, lors du pâté de grives,
L'amphitryon sur sa convive
Ne tentait que des tentatives,
Qui, encor qu'elles fussent vives,
Se bornaient à des tentatives...

Les choses en étaient donc là.

(Jupons de soie beige,
Et de dentelles belges ;

Des cheveux d'or vierge,
Et des seins de neige ;

Courage, un Corrège !...
Vains arpèges...)

Les choses en étaient donc là,
Quand, sur la table, on apporte le plat
D'asperges.

Asperges, reines des primeurs,
Asperges en branches,
Lorsque le morne hiver se meurt,
Quand fleurit l'aubépine blanche, —
Sauce à l'huile ou bien sauce blanche,
C'est du soleil qu'en vous mordant,
O vous, les filles du printemps,
Les fillettes aux jolies dents
Mangent !...

Mais à la table où on les avait mises,
Ce que les asperges trouvèrent,
(Je symbolise),
Las ! c'était le printemps aux prises
Avec les offres et les affres de l'hiver...

Ne pouvant supporter la vue
D'un spectacle attristant et vain,

Aux yeux confus du vieux, à sa barbe chenue,
Les asperges alors, s'étant dressées soudain,
  Murmurèrent avec dédain :
  — Sans commentaires ! —

Et majestueuses, la tête haute, s'en allèrent.

MUSIQUE

Les rouleaux des jeunes filles sont en cuir,
(Leurs rouleaux à musique, faut-il le dire ?)
Les rouleaux des jeunes filles sont
En cuir noir, ou rouge, ou marron.

Chaque matin les rues sont pleines
Des rouleaux des musiciennes,
Et les omnibus en sont pleins :

Et voilà pourquoi je nous plains...

Vraiment, vraiment, elles sont trop
Les jeunes filles dont les rouleaux,

Dont les rouleaux à musique,
A notre inquiétude indiquent
Qu'elles apprennent le piano.

Car pûtes-vous, sans épouvante,
Songer à tout ce que, — ah ! que !.. —
De pianos droits, ou même à queue,
Et à demi-queue cela représente !

Les rouleaux des jeunes filles sont en cuir.

Une bonne les accompagne,
(Une vieille bonne
Bretonne,
Robuste fille de campagne),
Ou encore une gouvernante anglaise,
Quand les parents sont à leur aise.

Ou c'est la mère de famille :
— Pourquoi courir ainsi ? Tiens-toi droite, ma fille —
Ou, de la petite très fier,
C'est le père, officier de la Légion d'honneur,
Pour qui mener Charlotte au cours est un bonheur,
En allant à son ministère,

MUSIQUE

Que d'*Aubes*, que de *Crépuscules*,
De *Libellules*,
Ciels printaniers, *Brises nouvelles*,
Papillons bleus, *Baisers ailés*,
On emporte ainsi, bien roulés,
Dans les rouleaux des demoiselles !.

Et nous pensons avec terreur,
Que tout cela c'est pour nous faire honneur,
Quand nous aurons mangé le veau patriarcal :
— Votre fille, je sais, est une virtuose,
Oh ! jouez-nous donc quelque chose !... —
Joie des soirées dominicales !

Et l'on se rue aux doubles croches,
Et l'on recommence vingt fois,
Pour *avoir cela dans les doigts*,
Le terrible accompagnement de la main gauche !...

Les rouleaux des jeunes filles sont
En cuir noir, ou rouge, ou marron.

Et cependant que sans pensées mauvaises, —
— Une natte,
Dans le dos ;
Dans le rouleau,
Des sonates ; —
Fillettes, sans pensées mauvaises,
Vous vous en allez vers les dièses
Et les bémols,

Voici venir les vierges folles :

Et je les ai vues qui passaient,
Les impudiques,
Je les ai vues passer, qui portaient leur corset,
Roulé sous le bras, comme un rouleau de musique

Et j'ai trouvé cela profondément philosophique.

LE RÉVERBÈRE

— Réverbère, monsieur, — charmant métier la nuit,
Mais, tout le jour, comme on s'ennuie !...

De l'aube jusqu'au crépuscule,
Au coin des squares, dans les rues, ou le long des quais,
Rester plantés, raides comme des piquets,
Factionnaires ridicules,
Croyez-vous que cela soit gai ?

La nuit, au moins, nous avons l'air de quelque chose,
On s'occupe de nous, on nous cause :
Des gens, peut-être pas très comme il faut,
Mais qui sont bons garçons quand même,
Viennent, et nous tirent leur chapeau,
Manifestant pour nous une affection extrême ;

Et ils nous pressent dans leurs bras,
Ils nous tutoient, ils nous traitent en joyeux drilles,
Et ils nous racontent tout bas
Les histoires de leur famille ;

Puis ils nous prennent à témoin
Des caprices de la fortune,
Cependant que, dans notre coin,
Nous faisons la pige à lune...

Vraiment, la nuit, nous nous créons
De bien charmantes relations !...

Mais quel retour mélancolique, le matin,
Après que l'on nous a éteints !...

Et, près de nous, ce sont les arbres,
Qui, de leur feuillage, nous narguent,
Et qui, l'hiver, de nous se gaussent,
Parce que nous n'avons pas d'écorce ; —
Marronniers aux thyrses fleuris,

LE RÉVERBÈRE

Platanes larges,
Où les oiseaux viennent faire leur nid :
Les oiseaux ne chantent pas dans les réverbères, mais dans les arbres

Nous n'avons pas d'oiseaux, nous n'avons pas de branches,
Pas d'ombrage touffu, où l'on mette des bancs,
Les bancs discrets où les amants
Viennent s'asseoir, en se serrant,
Les beaux dimanches...

A part le modeste employé,
Qui, deux fois par semaine, vient nous débarbouiller,
Personne ne s'occupe de nous, et chacun passe,
Sans nul souci du pauvre bec de gaz

Vraiment, monsieur, à parler franc,
C'est à dégoûter d'être honnête ;
Rouge, vert, ou jaune safran,
On nous regarderait peut-être,
Si, au lieu d'être le discret mille quarante-sept,
Nous étions le *Trois* ou le *Sept !*...

Que voulez-vous, cela irrite,
Et, ma foi, lorsque nous trouvons le temps trop long,
Ce nous est une distraction
De nous payer une petite fuite,
Pour embêter l'Administration.

SUR LE VELOURS

— Ah ! qu'attristantes et mesquines les cheviottes,
Dont sont faites vos redingotes,
Et le melton, et le mohair,
Et l'homespun foncé ou clair ! —

Ainsi le velours récrimine,
Et pleure le temps, loin, si loin,
Où Damis, de velours vêtu, offrait le poing
A Clorinde, — velours, brocarts, et perles fines,
Le beau Damis cambré dans son pourpoint,
Et l'exquise Clorinde à la mouche assassine.

Pauvre velours, pauvre velours,
Ils sont finis les jours de gloire,
Ils sont venus les mauvais jours,
Et les déboires...

Je n'aurai pas le trop cruel manque de tact
De te parler de tes fauteuils, et des contacts
Auxquels il faut que tu te résignes et t'apprêtes,
Velours d'Utrecht !...

Mais, comme aux temps passés de la chevalerie,
A la guerre, à l'amour, orné de pierreries,
De t'en aller, hélas ! il te faudra taper,
Velours frappé !...

Car nos modes sont plus sommaires et vulgaires,
Qui nous sont venues d'Angleterre :
Ils ne portent plus de crevés,
Nos élégants petits crevés, —

Et d'ailleurs ils ne font ni l'amour ni la guerre —

SUR LE VELOURS

Maintenant te voilà, de revers en revers,
Réduit au rôle de revers,
Velours des pourpoints de naguère !

Et c'est autour de faux-cols en celluloïd,
Enfants dégénérés de la fraise rigide,
Que l'on te met, velours : et sur toi s'accumulent
Les confetti impertinents des pellicules...

Parfois encor, sur la poitrine de jeunes bardes,
Tu te complais, gilet opulent, et t'attardes :
Car tu sens leur cœur qui bat fort, —

Mais ton gousset n'a pas de chronomètre en or. —

Et je t'ai vu, calotte au gland plein d'allégresse,
Qu'une industrieuse maîtresse,
(Les amants du jour sont pratiques),
Broda d'initiales, et de triangles maçonniques.

Voilà ce que l'on fait de toi,
Velours des justaucorps et des manteaux de roi.

Mais quoi ! puisque le siècle emporte en ses rafales,
Les splendeurs du passé et les pourpres royales,
Que s'effondre le monde entier :

Le velours de la culotte des charpentiers
Proclame les révolutions sociales !

LE TRIANGLE ORGUEILLEUX A DIT...

Le triangle orgueilleux a dit :
— Je suis symbole de science,
C'est en m'étudiant que le savant pâlit —

Le triangle orgueilleux a dit :
— Je suis symbole d'harmonie,
Et ma voix argentine à l'orchestre s'unit. —

Le triangle orgueilleux a dit :
— Je rayonne au fronton des temples,
Et c'est en mon milieu que l'œil de Dieu luit. —

Mais voici dans les cieux une voix qui s'écrie :
— Toi qui te dis Science et te dis Harmonie,
Qui t'égales aux Dieux en d'insolents discours,

O Superbe, courbe la tête :

Tu ne seras jamais la roue de la bicyclette
Avec laquelle on va jusqu'à Saint-Pétersbourg. —

TABLE DES MATIÈRES

	Pages
La chanson du porc-épic	1
Les pédicures	3
La chanson des trente-six chandelles	7
Le chapeau, le quadrupède et la perruque	13
Solitude	17
Voix dans la nuit	21
La singulière distraction du chef de gare	25
Paysage de neige	29
L'éponge	31
La revendication des canaux	35
La complainte de monsieur Benoît	39
La grenouille et l'amateur de photographies	41
La grue, le hussard et le propriétaire d'immeubles	45
Discrétion	49
Soliloque	53
Ronde pour ceux qui n'étaient pas du dîner	55
Chapitre des chapeaux que l'on rencontre en province le jour du 1ᵉʳ janvier	59

Histoire de la vieille dame très dévote............	63
Le soleil et les quatre jeunes filles............	65
Chameaux............	71
Propos de bain............	73
La maîtresse que je prendrai............	77
Atavisme............	79
Le poisson rouge............	83
Berceuse obscène............	87
Les vaines semailles............	89
Benjamin, chanson bachique............	95
Le chapelet, cantique de route............	99
Ronde des neveux inattentionnés............	105
Les ficelles rouges............	107
Trois chansons à la charcutière............	109
Les cure-dents se souviennent et chantent............	117
Sonnet de l'inutile impertinence............	119
La voix du sang............	121
Cantilène des trains qu'on manque............	125
La coquette punie............	127
Les horreurs de la guerre............	131
Le nègre prudent............	135
La complainte des dames assises............	139
Ce que l'on entendait le soir dans les rues de Gênes............	145
Les tortues............	147
Heureuse rencontre d'un chapeau chinois............	151
Nostalgie de billard............	155
La servante innocente............	157
Le baromètre............	161
Digestions............	165
Simple récit............	169
Chez la modiste............	171
Discours d'ouverture pour l'inauguration du théâtre des Pantins............	175
Les huîtres, la petite dame et le g'golo............	181
Histoires de famille............	185
Les bretelles............	187

TABLE DES MATIÈRES

Un caprice	191
Plat de saison	195
Musique	199
Le réverbère	203
Sur le velours	207
Le triangle orgueilleux a dit	211

CHATEAUROUX. — Imprimerie A. MAJESTÉ ET L. BOUCHARDEAU.

www.ingramcontent.com/pod-product-compliance
Lightning Source LLC
Chambersburg PA
CBHW060125170426
43198CB00010B/1037